Hamburger Rechtsstudien

herausgegeben von Mitgliedern der Rechtswissenschaftlichen Fakultät
der Universität Hamburg

Heft 44

Grenzen der Freizeichnung des Spediteurs § 41 ADSp

von

Dr. iur. CHRISTIAN HOOTZ

Hamburg
Cram, de Gruyter & Co.
1954

Diese Arbeit ist als Dissertation im Seminar für Handels-, Seeschiffahrts- und Luftrecht der Universität Hamburg entstanden.

— D 18 —

Satz und Druck: S Saladruck, Berlin N 65.

Inhaltsübersicht

Literaturverzeichnis

1. Altenburg: Die neuen Spediteurbedingungen und das OLG Braunschweig. VRR 1928 Sp. 462.
2. Andler: Das Wesen der ADSp und der Speditionsversicherung. DVZ 1948 Nr. 19 S. 4.
3. Barz: Treuhandverwaltung und persönliche Haftung des Vermögensinhabers. NJW 1947—1948 S. 44 ff.
4. Baumbach: Handelsgesetzbuch, 10. Auflage. München und Berlin 1953.
5. Becher: Speditionsversicherung. NeumZfV 1935 S. 387.
6. Becker: Die Haftung des Zwangsverwalters nach Gesetz 52. DRZ 1950 S. 101.
7. Benkard: Zur Geltung der allg. deutschen Spediteurbedingungen. BB 1953 S. 782 ff.
8. Bertermann: Die Eintragung der Treuhandverwaltung nach MRG 52 in das Handelsregister. NJW 1950 S. 213.
9. Beyer: Die Speditionsversicherung (Dissertation). Leipzig 1936.
10. Blanke: Vermögenssperre und Zivilprozeß. NJW 1947—1948 S. 129 ff.
11. Blumenfeld: Der Treuhänder i. S. des MRG Nr. 52 in der US-Zone. DRZ 1947 S. 253 ff.
12. Bruck: Reichsgesetz über den Versicherungsvertrag, 7. Auflage. Berlin und Leipzig 1932.
    Versicherung des Speditionsgutes und Spediteurversicherung. JW 1927 S. 2786 ff.
13. Düringer-Hachenburg: Das Handelsgesetzbuch, V. Band, 2. Hälfte, 3. Auflage. Mannheim/Berlin/Leipzig 1932.
14. Durst: Die neuen Spediteurbedingungen und das OLG Braunschweig. VRR 1928 Sp. 504.
    Haftung des Spediteurs wegen unterlassener Versicherung. DVZ 1949 Nr. 49 S. 6.
15. Eichhorn: Die Rechtsnatur der Allgemeinen Deutschen Spediteurbedingungen (ADSp) und deren Haftungsvorschriften (unveröff. Dissertation). Hamburg 1948.
16. Engelhardt: Währungsreform und Schadensersatzansprüche aus Spediteurfehlern. DVZ 1948 Nr. 54 S. 4.
17. Engler: Der „custodian" i. S. des MRG 52 in der Britischen Zone. DRZ 1947 S. 252 ff.
18. Enneccerus-Lehmann: Recht der Schuldverhältnisse, 13. Bearbeitung. Tübingen 1950.
19. Erman: Handkommentar zum Bürgerlichen Gesetzbuch. Münster/Westf. 1952.
20. Gessler-Hefermehl: Handelsgesetzbuch, 2. Auflage, 2. Band. Berlin und Frankfurt/M. 1953.
21. J. v. Gierke: Handelsrecht und Schiffahrtsrecht, 6. Auflage. Berlin 1949.
22. Haidinger: Die Haftung des von der Militärregierung eingesetzten Verwalters (custodian) gegenüber dem Vermögensinhaber. MDR 1948 S. 76 ff.
23. Hansen: Die Zulässigkeit der Haftungsbeschränkung der Spediteure im Zusammenhang mit der Speditionsversicherung nach den Allg. D. Sp. B. vom 1. Juli 1930 (Dissertation). Erlangen 1933.
24. Hartleb: Außervertragliche Ansprüche gegen den Spediteur. DVZ 1952 Nr. 9 S. 4.
25. Hehnke: Erwiderung. NeumZfV 1935 S. 640.
26. Herrlau-Krien-Schmid-Lossberg: DVZ-Lexikon. Heidelberg—Hamburg 1952 (zitiert als DVZ-Lexikon).
27. Heymann-Kötter: Handelsgesetzbuch, 20. Auflage. Berlin 1950.
28. Heynen: Steckengebliebene Überweisungen und ADSp. DVZ 1948 Nr. 50 S. 4.
    Haftungsausschluß nach den ADSp. DVZ 1950 Nr. 59 S. 2.
29. Hildebrand: Das Recht der AGB. AZP Bd. 143 S. 326 ff.

30. Hochgräber: Verhältnis von Transportversicherung und Speditionsversicherung. NeumZfV 1935 S. 326.
noch einmal: Verhältnis von Transportversicherung und Speditionsversicherung. NeumZfV 1935 S. 353.
Erwiderung. NeumZfV 1935 S. 639.
31. Isaac: Das Recht des Spediteurs. Berlin 1928.
Erfahrungen mit der neuen Speditionsversicherung. NeumZfV 1928 S. 425.
Die neuen Allgemeinen Deutschen Spediteurbedingungen. ZHR 1928 S. 75 ff.
Die ADSp in der Fassung vom 1. Juli 1929. JW 1929 S. 2804.
32. Jaeger: Kommentar zur Konkursordnung, 6. u. 7. Auflage. Berlin und Leipzig 1936.
33. Jochmann: Nochmals: Haftung für Beschlagnahmeschäden nach den ADSp, SVS und KVO. NJW 1952 S. 1242 f.
34. Koehler: Die neuen „Allgemeinen Deutschen Spediteurbedingungen". LZ 1927 Sp. 1450 ff.
Spediteure und Wirtschaft. EE Bd. 46 S. 336 ff. Bd. 47 S. 14 ff.
35. Krabbe: Ist die Speditionsversicherung reformbedürftig?. ZfV 1952 S. 154 ff.
36. Krien: Die Allgemeinen Geschäftsbedingungen des Speditionsverkehrs (ADSp). Wiesbaden 1948.
Keine Spediteur-Haftung für durch die Speditions- und Rollfuhrversicherung gedeckten Schäden. DVZ 1947 Nr. 18 S. 6.
Versicherung von Speditionsfehlern bei der Transportversicherung. DVZ 1948 Nr. 17 S. 9.
Zur Anwendbarkeit der ADSp. DVZ 1948 Nr. 22 S. 5.
Haftung des Spediteurs und der Speditionsversicherer für zeitbedingte Schwierigkeiten. DVZ 1948 Nr. 74 S. 5.
Lager- oder Mietvertrag. DVZ 1950 Nr. 61 S. 6.
Streit um die Speditionsversicherung. B. Einheit der ADSp und der SVS/RVS. VersR 1953 S. 414.
37. Krusemeyer: Die Haftungsbestimmungen in den Allgemeinen Geschäftsbedingungen des Vereins Deutscher Spediteure (Dissertation). Erlangen 1927.
38. Landauer: Abweichung von der Weisung. DVZ 1950 Nr. 47 S. 6.
Der Privatkunde und die ADSp. DVZ 1950 Nr. 61 S. 6.
39. Larenz: Lehrbuch des Schuldrechts, 1. Band. Allgemeiner Teil. München und Berlin 1953.
40. Mälzig: Allgemeine Deutsche Spediteurbedingungen und Speditionsversicherungsschein. DRZ 1950 S. 103 f.
Die Speditionsversicherung (SVS/RVS). WiCo 1953 Nr. 38 S. 24.
41. Martin: Begrenzung oder Ausschluß der Haftung des Spediteurs aus dem Speditionsvertrage, wenn er die Speditionsversicherung gedeckt hat. NeumZfV 1935 S. 474.
Wie haftet der Spediteur nach den ADSp, wenn sowohl die Speditionsversicherung wie auch die Transportversicherung gedeckt ist. NeumZfV 1935 S. 637 f.
42. Mentzel: Kommentar zur Reichskonkursordnung, 3. Auflage. Mannheim/Berlin/Leipzig 1928.
43. Möller: Rechtsprechung zur Auslegung allgemeiner Versicherungsbedingungen. ZfV 1952 S. 383.
44. Mumssen: Liberalisierung der Speditionsversicherung. WiCo 1953 Nr. 38 S. 39.
45. Neukirch: Einzelne Fragen um die Allg. Deutschen Spediteurbedingungen (Dissertation). Göttingen 1933.
46. Nikisch: Zivilprozeßrecht, 2. Auflage. Tübingen 1952.
47. Palandt: Bürgerliches Gesetzbuch, 11. Auflage. München und Berlin 1953.

48. Prölss: Versicherungsvertragsgesetz, 7. Auflage. München und Berlin 1952.
49. Raiser: Das Recht der Allgemeinen Geschäftsbedingungen. Hamburg 1935.
50. Rauschenplat: Die neuen Spediteur-Bedingungen. BA 1928 S. 422.
51. Reichsgerichtsräte-Kommentar: Das Bürgerliche Gesetzbuch, herausgegeben von Reichsgerichtsräten und Bundesrichtern.
I. Band, 10. Auflage. Berlin 1953.
II. Band, 9. Auflage. Berlin 1939.
III. Band, 9. Auflage. Berlin 1939.
Kommentar zum Handelsgesetzbuch, früher herausgegeben von Mitgliedern des Reichsgerichts.
3. Band, 2. Auflage. Berlin 1953.
4. Band, 1. Auflage. Berlin 1943.
52. Reith: Die Speditionsversicherung (Dissertation). Heidelberg 1931.
53. Renker: Die Speditionsversicherung (Dissertation). Leipzig 1936.
54. Reuver: Die neuen ADSp. ZHR 1928 S. 65 f.
Die ADSp in der Fassung vom 1. Juli 1929. JW 1929 S. 2801 ff.
55. Roesch: Die Haftung für Beschlagnahmeschäden nach den ADSp/SVS und der KVO. NJW 1952 S. 962 f.
56. Ruwe: Streit um die Speditionsversicherung.
A. Freizügigkeit VersR 1953 S. 412 f
und VersR 1954 S. 4 f.
57. Scharlibbe: 20 Jahre Allgemeine Deutsche Spediteur-Bedingungen. DVZ 1947 Nr. 6 S. 1 f.
58. Schiering: Die Speditionsversicherung in den Allg. Deutschen Spediteurbedingungen (Dissertation). Hamburg 1932.
59. Schmid-Lossberg: Spediteur und Güterfernverkehrsunternehmer. DVZ 1948 Nr. 43 S. 3.
Währungsreform und Schadensersatzansprüche aus Spediteurfehlern. DVZ 1948 Nr. 46 S. 3.
Der Spediteur als Versicherungsvermittler. DVZ 1948 Nr. 54 S. 6 f.
Mangelnde Passivlegitimation nach § 41 a ADSp auch für den Zwischenspediteur. DVZ 1948 Nr. 70 S. 5.
Die Geltung der Haftungsvorschriften der ADSp auch bei außervertraglichen Ansprüchen. DVZ 1949 Nr. 3 S. 7.
Aufklärungspflicht des Spediteurs. DVZ 1949 Nr. 18 S. 4.
Die Vorteile der Konstruktion der ADSp/SVS. DVZ 1949 Nr. 28 S. 4.
Spediteur-Probleme aus der Praxis. DVZ 1949 Nr. 53 S. 4.
Die Geltung der ADSp. DVZ 1949 Nr. 69 S. 4.
Bundesgerichtshof zur Geltung der ADSp und KVO. DVZ 1951 Nr. 22 S. 8.
Die Geltung der ADSp. DVZ 1953 Nr. 72 S. 1 f.
60. Schwartz: Die Allgemeinen Deutschen Spediteurbedingungen. Berlin 1931.
61. Senckpiehl: Allgemeine Geschäftsbedingungen. Wiesbaden 1922.
Die neuen Spediteurbedingungen und das OLG Braunschweig. VRR 1928 Sp. 505.
Die neuen Allgemeinen Deutschen Spediteurbedingungen vom 1. Juli 1929. ZHR 1929 S. 300 f.
Zwischenspediteur und Unterspediteur. DVZ 1948 Nr. 7 S. 6 und Nr. 11 S. 6.
Haftung des Spediteurs für Beschlagnahme. DVZ 1950 Nr. 71 S. 6.
Keine Spediteurhaftung bei Einbruchdiebstahl. DVZ 1950 Nr. 76 S. 4.
Die Abwertung der Schadensersatzansprüche. DVZ 1950 Nr. 81 S. 4.
Ein Fehlurteil zur Anwendung der ADSp. DVZ 1951 Nr. 5 S. 4.
Die Haftung des Spediteurs für Beschlagnahmen. DVZ 1952 Nr. 15 S. 8.
62. Soergel: Bürgerliches Gesetzbuch. I. Band. Stuttgart und Köln 1952.
63. Staff: Die Grenze der durch die Allg. Deutschen Spediteurbedingungen geregelten Versicherungspflicht. WuR 1930 Sp. 295 ff.
64. Starke: Umfang der Haftung des Spediteurs für Beschlagnahme. DVZ 1952 Nr. 41 S. 10.

65. Staub: Kommentar zum Handelsgesetzbuch.
3. Band 14. Auflage Berlin und Leipzig 1933.
66. Stein-Jonas: Kommentar zur Zivilprozeßordnung.
17. Auflage Tübingen 1949.
67. Stoldt: Normative Kraft der Allgemeinen Deutschen Spediteurbedingungen (ADSp) und der Allgemeinen Lagerbedingungen des deutschen Möbeltransportes (ALB). MDR 1951 S. 141 ff.
68. Storke: Ein lehrreicher SVS-Fall. DVZ 1953 Nr. 81 S. 5.
Wenn der WBS fehlt. DVZ 1953 Nr. 81 S. 5.
69. Wagner: Beschlagnahmeschäden und Umfang der Haftung des Spediteurs. WiCo 1953 Nr. 38 S. 22.
70. Weller: Die Freizeichnungsklauseln des Spediteurs im Zusammenhang mit der Speditionsversicherung (Dissertation). Tübingen 1931.
71. Wieneke: Die Freizeichnungsklausel (Dissertation). Köln 1936.
72. v. Witzleben: Begriffswandlungen im Speditionsrecht (Dissertation). Heidelberg 1932.
73. Wolff: Lehrbuch des Bürgerlichen Rechts. Dritter Band: Das Sachenrecht. 9. Bearbeitung. Marburg 1932.
74. Worm: Die Pflichten des Spediteurs (Dissertation). Erlangen 1930.
75. Zeitungsartikel aus der Deutschen Verkehrs-Zeitung ohne Verfasserangabe:
SVS unlösbarer Bestandteil der ADSp. DVZ 1948 Nr. 5 S. 7.
Spediteurhaftung und ADSp/SVS. DVZ 1948 Nr. 24 S. 4.
Unterversicherung im SVS. DVZ 1948 Nr. 49 S. 5.
Das Ermessen des Spediteurs gemäß ADSp. DVZ 1948 Nr. 50 S. 4.
Die ADSp — gesetzlicher Handelsbrauch. DVZ 1948 Nr. 58 S. 4.
Die Versicherung des Gutes durch den Spediteur. DVZ 1949 Nr. 28 S. 4.
Haftung des Spediteurs wegen unterlassener Versicherung. DVZ 1949 Nr. 29 S. 4.
Beschlagnahmeschäden. DVZ 1950 Nr. 18 S. 7
Weisung zur Transportversicherung. DVZ 1950 Nr. 72 S. 8.
Hemmungen bei der Anwendung der Grundsätze der ADSp. DVZ 1950 Nr. 98 S. 6.
Nebenaufträge des Spediteurs und Lagerhalters — § 2 ADSp. DVZ 1951 Nr. 38 S. 4.
Speditionsversicherung und Beschlagnahmerisiko. DVZ 1950 Nr. 55 S. 1.
Spediteur und Lieferfrist. DVZ 1950 Nr. 84 S. 1.
Speditionsfälle in der Rechtsprechung. DVZ 1950 Nr. 103/104 S. 8.
Um den § 63 der ADSp. DVZ 1952 Nr. 47 S. 9.
Warenbegleitscheine und Beschlagnahme. DVZ 1952 Nr. 67 S. 5.
Spediteurfehler im Warenbegleitschein. DVZ 1952 Nr. 68 S. 1 f.
Die Rechte des geschädigten Dritten in der KVO-Versicherung. DVZ 1952 Nr. 92 S. 7.
Warenbegleitscheine und Spediteurfehler. DVZ 1952 Nr. 93 S. 7.
Monopoleinwand gegen ADSp unbegründet. DVZ 1953 Nr. 31 S. 2.
Spediteurfehler bei Frachtführerauswahl. DVZ 1953 Nr. 43 S. 8.

Abkürzungsverzeichnis für Zeitschriften

Archiv für die zivilistische Praxis	AZP
Bankarchiv	BA
Der Betriebsberater	BB
Deutsche Justiz	DJ
Deutsche Juristen-Zeitung	DJZ
Deutsche Rechtszeitschrift	DRZ
Deutsche Verkehrs-Zeitung	DVZ
Eisenbahnrechtliche Entscheidungen (Eger)	EE
Hanseatische Gerichtszeitung	HGZ
Hanseatische Rechts- und Gerichtszeitung	HRGZ
Juristische Rundschau	JR
Juristische Rundschau für die Privatversicherung	JRfPV
Juristische Wochenschrift	JW
Lindenmaier-Möhring: Nachschlagewerk des Bundesgerichtshofs	LM
Leipziger Zeitschrift	LZ
Neumann's Zeitschrift für Versicherungswesen	NeumZfV
Neue Juristische Wochenschrift	NJW
Das Recht	Recht
Versicherungsnehmer	VersN
Versicherungsrecht	VersR
Versicherungsrundschau	VersRdsch
Verkehrsrechtliche Rundschau	VRR
Verkehrsrechtssammlung	VRS
Wirtschafts Correspondent	WiCo
Wirtschaft und Recht	WuR
Zentralblatt für Handelsrecht	ZHR

Die angeführten Entscheidungen ohne Herkunftsangabe sind noch unveröffentlicht.

Einleitung

Wie viele Berufsstände arbeiten auch die Spediteure nach Allgemeinen Geschäftsbedingungen, wobei die Mehrzahl von ihnen ihrer Arbeit die Allgemeinen Deutschen Spediteur-Bedingungen (ADSp) zu Grunde legt. Diese regeln in Ergänzung und teilweise in Abänderung der gesetzlichen Bestimmungen Rechte und Pflichten der Spediteure neu. Ihr Kernstück sind jedoch die Haftungsbestimmungen, die eine weitgehende Freizeichnung des Spediteurs oder jedenfalls eine stark begrenzte Haftung vorsehen.

Diese Haftungsgestaltung des Spediteurs konnte von den bei der Ausarbeitung der ADSp beteiligten Wirtschaftsverbänden, die sowohl Spediteure als auch Kundenvertreter und Versicherer umfaßten, gerade deswegen gebilligt werden, weil mit dem Entfallen einer Haftung des Spediteurs eine Ersatzmöglichkeit in Form der Speditionsversicherung geschaffen wurde, die dem Kunden eine Entschädigung verschaffen kann.

Der der Haftungsregelung zu Grunde liegende Gedanke, Ersatz der Spediteurhaftung durch einen Versicherungsschutz, beherrscht die gesamten Spediteurbedingungen, wie § 41 c ADSp erweist.

In der vorliegenden Arbeit soll nun im Zusammenhang mit der bedeutendsten Freizeichnungsklausel — § 41 ADSp — untersucht werden, inwieweit unter Berücksichtigung dieses Grundgedankens einer Freizeichnung des Spediteurs Grenzen gesetzt sind.

Für die Anregung zu dieser Arbeit sowie für Unterstützung durch Material danke ich Herrn Professor Dr. Würdinger, Herrn Professor Dr. Möller, Herrn Rechtsanwalt Dr. Krien, Herrn Rechtsanwalt Schmid-Lossberg sowie Herrn Dr. Scharlibbe.

Christian-Jürgen Hootz

A. Die Freizeichnung des Spediteurs im Rahmen des § 41 ADSp

Die Klausel des § 41 ADSp wird, wie die ganzen ADSp, nur durch Vereinbarung — sei sie nun ausdrücklich oder wie fast immer stillschweigend oder auf Grund Handelsbrauches erfolgt — Inhalt des Vertrages zwischen Auftraggeber und Spediteur. Eine solche Vereinbarung muß nun im folgenden vorausgesetzt werden, denn nur bei Anwendbarkeit der ADSp kann auch deren Haftungsregelung und damit die Freizeichnung des Spediteurs Bedeutung für den einzelnen Vertrag gewinnen. Einen wesentlichen Anhaltspunkt für den Umfang dieser Freizeichnung gewährt zunächst die einschlägige Bestimmung des § 41 a ADSp selbst. Die übrigen Vorschriften des X. Abschnitts der ADSp §§ 39 ff., die bei einer Betrachtung der Freizeichnungsklausel § 41 a ADSp mit heranzuziehen sind, geben uns weiterhin näheren Aufschluß über das System:

Haftungsbefreiung des Spediteurs durch Versicherungsschutz des Auftraggebers.

Nach § 39 ADSp deckt der Spediteur die Speditionsversicherung, wozu er nach den §§ 39 a, 41 c ADSp ja verpflichtet ist. Deckt nun andererseits die Speditionsversicherung einen evtl. entstehenden Schaden, worüber im einzelnen die Bedingungen des Speditionsversicherungsscheines (SVS) Bestimmungen enthalten, so ist der Spediteur von der Haftung für diesen Schaden frei.

I. Die Voraussetzungen einer Berufung des Spediteurs auf seine Freizeichnung nach § 41 ADSp

Wir ersehen zunächst aus dem Wortlaut des § 41 a ADSp schon die grundlegenden Voraussetzungen, die erfüllt sein müssen, um dem Spediteur eine Berufung auf seine Haftungsfreiheit zu gestatten.

Es muß also erstens die Speditionsversicherung vom Spediteur gedeckt sein und zweitens muß dann der entstandene Schaden durch die Speditionsversicherung gedeckt werden.

Was unter diesen Voraussetzungen im einzelnen zu verstehen ist, darüber geben freilich die ADSp allein keine vollständige Auskunft. Eine wichtige Ergänzung enthalten die Bedingungen des SVS, mit denen die ADSp in engstem systematischen Zusammenhang stehen und deshalb ohne den SVS nicht verstanden werden können.

Da die ADSp und der SVS unter Beteiligung weiter Wirtschaftskreise und deren Interessenvertretungen geschaffen wurden und dabei die verschiedensten Standpunkte und Interessenrichtungen berücksichtigt werden mußten, tragen diese Bedingungen den Charakter von Kompromißlösungen[1], die dann leider manchmal die nötige

[1] Scharlibbe DVZ 1947 Nr. 6 S. 1; Weller S. 27.

Klarheit in der textlichen Fassung vermissen lassen. Hierdurch sind zahlreiche Mißverständnisse möglich geworden. Dies zeigt u. a. eine völlig verfehlte Entscheidung eines LG[2], die unter einem nach SVS gedeckten Schaden, für den der Spediteur nach § 41 a ADSp frei von Haftung wäre, einen von der Versicherungsgesellschaft bezahlten Schaden versteht. Nach dieser unrichtigen Auffassung würde der Spediteur also erst mit der Zahlung seitens der Speditionsversicherer frei sein.

Begriffe wie „Deckung der Speditionsversicherung“ und „Deckung des Schadens durch die Speditionsversicherung“ sind nicht ohne weiteres verständlich. Sie sollen daher im folgenden nach den verschiedensten Richtungen überprüft und zu definieren versucht werden, damit es möglich wird, aus ihnen die Grenzen zu ermitteln, die der Freizeichnung des Spediteurs in § 41 ADSp gesetzt sind.

Vorbemerkung:

Auslegungsgrundsätze für die Bestimmungen der ADSp/SVS

Haben wir die wesentlichen Anhaltspunkte für die Beantwortung der Themafrage erkannt, so müssen wir mit Hilfe des Wortlautes der Bestimmungen der ADSp/SVS die Lösung zu finden trachten. Textliche Unklarheiten, die oft gerade als Kompromißlösungen geborene Bestimmungen enthalten, zwingen uns aber, den eigentlichen Sinn der Bestimmungen so zu ermitteln, daß wir sie auslegen.

Die ADSp sind nun wie der SVS allgemeine Geschäftsbedingungen, „über deren Auslegung bekanntlich Streit herrscht[3]“. Während vor allem Prölß[4] unter Berufung auf die neuere Rechtsprechung der höchsten deutschen Gerichte einer objektiven, das bedeutet einer völlig neutralen, von den Parteiinteressen losgelösten rechtlichen Würdigung das Wort redet, steht Möller[5] auf dem Standpunkt, daß eine gesetzesähnliche Auslegung, wie sie diese Rechtsprechung[6] den Geschäftsbedingungen angedeihen läßt, keineswegs eine objektive, sondern eine solche Auslegung bedeute, die „die Belange der Wirtschaftskreise, denen die Vertragschließenden angehören, in billiger Weise gegeneinander“ abwäge[7]. Dies kann nach Möllers Auffassung nur eine die Beziehungen der Parteien „generalisierende“[8] Betrach-

[2] LG Berlin v. 17. 10. 50 — 25 S 321/50 — DVZ 1951 Nr. 5 S. 4; siehe auch Senckpiehl abl. in DVZ 1952 Nr. 15 S. 8; DVZ 1950 Nr. 103/104 S. 8 „Speditionsfälle in der Rechtssprechung“.

[3] Schmidt in VersR 1953/145 (146).

[4] Prölß VVG Vorbem. S. 20.

[5] Möller ZfV 1952/383.

[6] RG v. 26. 3. 43 — VI (VII) 144/42 — Bd. 171/43 (48); OGH BZ v. 7. 10. 49 — IIb ZS 67/49 — Bd. 2/298 (299).

[7] RG v. 31. 1. 41 — VII 95/40 — DR 1941/1210; RG v. 13. 10. 42 — I 129/41 — Bd. 170/233 (240); RG v. 26. 3. 43 — VI (VII) 144/42 — Bd. 171/43 (48).

[8] Möller ZfV 1952/383.

tung, also eine die „typische Lage der Parteien"[9] berücksichtigende Auslegung sein. Auch ergäbe sich hieraus kein Verzicht auf die Anwendung der sogen. Unklarheitenregel, die besagt, daß letztlich bei nicht behebbaren Unklarheiten in den Geschäftsbedingungen zuungunsten desjenigen zu entscheiden sei, der die Bedingungen aufgestellt habe.

Die Rechtsprechung zu dieser Frage hat im Laufe der Zeit starken Wandlungen unterlegen.

Das Reichsoberhandelsgericht sprach sich gegen eine lediglich den Wortlaut beachtende Interpretation aus, die „dem vernünftigen Willen redlicher Paciscenten gleichmäßig widerstreiten würde"[10] und stellte sich damit auf den Standpunkt einer subjektiven Auslegungsmethode. Soweit Unklarheiten auftauchten, waren sie zuungunsten des Ausstellers der Bedingungen zu beheben[11]. Dieser rein subjektiven Auslegung folgte auch zunächst das Reichsgericht[12]. Später präzisierte es seine Auslegungsgrundsätze dahingehend, daß der Aussteller unklarer Bedingungen es sich zwar gefallen lassen müsse, wenn diese nicht in seinem Sinne ausgelegt würden, wobei es aber Voraussetzung sei, daß der Geschäftspartner die Bedingungen in bestimmter anderer Weise aufgefaßt hat und sie nach Treu und Glauben mit Rücksicht auf die Verkehrssitte auch so auffassen konnte[13]. Dies bedeutet also auch keine rein der Auffassung des Kunden folgende Auslegung, sondern eine Beschränkung der Anwendbarkeit der Unklarheitenregel auf solche Fälle, in denen sich nach dem Sinn und Zweck der einzelnen Vertragsabrede und nach sonstigen nach Treu und Glauben zu berücksichtigenden Begleitumständen ein bestimmter Vertragsinhalt nicht feststellen läßt[14]. Nur insoweit besteht auch ein Schutzbedürfnis des Kunden[15]. Somit waren Geschäftsbedingungen erst daraufhin zu untersuchen, ob sich nach Treu und Glauben aus dem Sinn und Zweck der Bedingungen eine Lösung finden ließ, und nur subsidiär fand die Unklarheitenregel Anwendung.

---

[9] Enneccerus-Lehmann S. 178.

[10] ROHG v. 4. 4. 71 — R 147/71 — Bd. 2/183 (184).

[11] ROHG v. 24. 11. 70 — R 53/70 — Bd. 1/107 (112); ROHG v. 4. 4. 71 — R 147/71 — Bd. 2/183 (184); ROHG v. 21. 11. 71 — R 631/71 — Bd. 4/59 (61); ROHG v. 13. 2. 72 — R 695/71 — Bd. 5/110 (118); ROHG v. 11. 3. 73 — R 54/73 — Bd. 9/370 (379); ROHG v. 4. 4. 73 — R 129/73 — Bd. 9/379 (383); ROHG v. 30. 10. 73 — R 831/73 — Bd. 11/271 (272).

[12] RG v. 9. 10. 82 — R I 343/82 — Bd. 10/158 (160); RG v. 8. 10. 18 — VII 181/18 — Bd. 94/26 (29); RG v. 10. 1. 28 — VII 462/27 — Bd. 120/18 (20); RG v. 19. 1. 29 — I 278/28 — Bd. 123/141 (145); RG v. 28. 5. 29 — VII 420/28 — Bd. 124/330 (333).

[13] RG v. 11. 3. 27 — VI 556/26 — Bd. 116/274 (276); RG v. 10. 9. 32 — VII 112/32 — JW 1933/764 (765); RG v. 30. 10. 34 — VII 158/34 — JW 1935/1009 (1010); RG v. 19. 6. 34 — VII 72/34 — JW 1934/2681 (2682) = Bd. 145/21 (26); RG v. 23. 7. 37 — VII 45/37 — JW 1937/2668 (2669); RG v. 11. 2. 38 — VII 165/37 — Bd. 157/67 (71).

[14] RG v. 30. 10. 34 — VII 158/34 — JW 1935/1009 (1010).

[15] Rebsamen JW 1935/1009.

Die neuere Rechtsprechung des Reichsgerichtes und ihr folgend die Rechtsprechung nach 1945 legte die Geschäftsbedingungen wegen ihres normenähnlichen Charakters gesetzesähnlich aus[16]. Dies erläutert das Reichsgericht in einer stets wiederholten stereotypen Formel mit „nicht die Belange beider Vertragspartner für den Einzelfall, sondern die Belange beider Wirtschaftskreise, denen die Vertragsgegner angehören, in billigster Weise gegeneinander“ abwägen[17]. Diese Auslegung, die also die typischen Beziehungen zwischen den Parteien berücksichtigt, verzichtet auch nicht letzten Endes auf die Behebung von sonst nicht zu beseitigenden Unklarheiten durch Heranziehung der sogen. Unklarheitenregel. Dies zeigen deutlich eine Reihe von Entscheidungen des Reichsgerichtes[18].

Auch der Bundesgerichtshof[19] und viele weitere Gerichte[20] haben diese Rechtsprechung beibehalten und auch die Literatur[21] folgt ihr weitgehend.

Die Begründung des Reichsgerichtes für seine Auslegungsmethode erscheint nach der Entstehungsgeschichte und dem Zweck der ADSp einleuchtend. Wenn Geschäftsbedingungen auch regelmäßig und gleichmäßig Inhalt einer Vielzahl von Verträgen werden, so beruht ihre Anwendbarkeit doch auf von den Parteien geschaffenem Rechte. Nicht ein Gesetzgeber, sondern Vertragsparteien haben diese Klauseln geschaffen. Daher sind Geschäftsbedingungen zwar gesetzesähnlich, also im Hinblick auf eine Vielzahl von Geschäftsabschlüssen einheitlich auszulegen[22], genau wie sie ja auch für eine Vielzahl von Fällen zur Anwendung gelangen, aber, wenn nach Treu und Glauben aus dem Sinn und Zweck der Bedingungen sich nicht ein Ergebnis finden läßt, ist letztlich im Zweifel gegen die Interessen des Ausstellers der Bedingungen zu entscheiden.

Unter Berücksichtigung des eben festgestellten Ergebnisses soll nun die rechtliche Würdigung der zu betrachtenden Vorschriften der ADSp und des SVS, soweit sie herangezogen und ausgelegt werden müssen, vor sich gehen.

---

[16] RG v. 31. 1. 41 — VII 95/40 — DR 1941/1210; RG v. 13. 10. 42 — I 129/41 — Bd. 170/233 (240).

[17] RG v. 26. 3. 43 — VI (VII) 144/42 — Bd. 171/43 (48).

[18] RG v. 31. 3. 41 — II 120/40 — DR 1941/1726; RG v. 26. 3. 43 — VI (VII) 144/42 — Bd. 171/43 (50); RG v. 17. 9. 43 — VI 66/43 — DR 1944/76 (78); RG v. 4. 2. 44 — VI 114/43 — DR 1944/807 (808).

[19] BGH v. 12. 2. 52 — I ZR 96/51 — BB 1952/329.

[20] OGH BZ v. 27. 4. 50 — I ZS 95/49 — VersR 1950/100; OLG Köln v. 28. 5. 51 — 5 U 17/51 — VersR 1951/160; LG Frankfurt/M. v. 22. 2. 51 — 2/2 O 317/50 — VersR 1951/151; LG Hamburg v. 30. 3. 50 — 9 S 47/50 — VersN 1950/78 = BB 1950/354; LG Köln v. 7. 1. 53 — 6 S 182/52 — VersR 1953/63 (64).

[21] Baumbach-Duden § 346 HGB Anh. Anm. 3; Düringer-Hachenburg-Lehmann Vor. § 407 HGB Anm. 10; Heymann-Kötter § 346 HGB Anm. 4; Oegg in RGR-Komm. § 157 BGB Anm. 3; Weller S. 56.

[22] Düringer-Hachenburg-Lehmann Vorbem. § 407 HGB Anm. 10; Larenz S. 70.

1. Deckung der Speditionsversicherung

Die erste Frage lautet, was bedeutet in § 41 a ADSp: Deckung der Speditionsversicherung?

Hierüber besteht nun in Rechtsprechung[23] und Schriftum[24] Einigkeit, daß es sich nur darum handelt, daß der Spediteur den Speditionsversicherungsvertrag mit den in § 39 ADSp vorgeschriebenen Speditionsversicherern abgeschlossen, also den SVS gezeichnet hat.

Dies ergibt sich aus folgendem:

Die Speditionsversicherung ist eine laufende Versicherung im Sinne des § 187 Abs. 2 VVG[25], welche der Spediteur auf Grund einer Generalpolice als einen Versicherungsvertrag abschließt, nach welchem alle künftigen, vom Spediteur übernommenen Verkehrsverträge automatisch nach näherer Maßgabe des SVS versichert sind, es sei denn, der Kunde macht von seinem Recht, nach § 6 B Ziff. 1 SVS die Versicherung zu verbieten (Verbotskunde), Gebrauch.

Die Regelung des SVS, insbesondere in § 6 SVS ermöglicht die Konstruktion eines automatischen Versicherungsschutzes[26] des Auftraggebers mit Abschluß eines jeden Verkehrsvertrages. Der Kunde, der also den Versicherungsschutz nicht verbietet, genießt mit Abschluß eines Verkehrsvertrages — der automatisch in den Schutz des Versicherungsvertrages des Spediteurs einbezogen ist — den Versicherungsschutz nach dem SVS, ohne daß es noch darauf ankommt, ob irgendwelche Formalitäten bezüglich des einzelnen Versicherungsverhältnisses im Rahmen des General-Versicherungsvertrages, wie Weitergabe der Prämie, rechtzeitige Aufgabe des Vertrages an die Versicherer usw., erfüllt sind[27]. Da es aber nun dem Kunden wesentlich darauf ankommt, überhaupt an Stelle des nur geringfügig oder gar nicht haftenden Spediteurs diesen umfassenden und automatisch eintretenden Versicherungsschutz zu erhalten, und deshalb § 41 c ADSp dem Spediteur, der die Speditionsversicherung nicht ordnungsgemäß gedeckt hat, eine Berufung auf die Bedingungen der ADSp

[23] z. B. KG v. 4/5. 4. 51 — 7 U 3831/49 — VRS 1951/228 (230).

[24] DVZ-Lexikon „Deckung des SVS/RVS" S. 107; Krien § 41 ADSp Anm. 5; Schmidt VersR 1953/145; Senckpiehl DVZ 1951 Nr. 5 S. 4.

[25] OLG Hamburg v. 4. 4. 52 — 1 U 407/51 — VersR 1953/144; SVS-Schiedsgericht Berlin v. 31. 1. 52 i. S. Iduna-Germania gegen Speditionsv.; Schwartz ADSp § 1 SVS Anm. 2; Weller S. 42.

[26] OLG Dresden v. 9. 11. 48 — 4 U 9/48 — VRS 1949/152 = BB 1949/131; KG v. 4/5. 4. 51 — 7 U 3831/49 — VRS 1951/228 (230); LG Braunschweig v. 7. 3. 50 — 8 S 302/49; SVS-Schiedsgericht Leipzig v. 8. 11. 30 — HRGZ 1931 A Sp. 101 (104); Baumbach-Duden Anh. § 415 Anm. nach §§ 39 f ADSp; DVZ-Lexikon „Automatische Versicherung" S. 104; Bruck JW 1927/2786 (2789); Isaac ZHR 1928/75 (77); ders. NeumZfV 1928/425 (426); Koehler EE Bd. 47/14 (17); Mälzig WiCo 1953 Nr. 38 S. 24; Rauschenplat BA 1928/422 (423); Reuver ZHR 1928/65 (67); ders. JW 1929/2801 (2802).

[27] OLG Hamburg v. 4. 4. 52 — 1 U 407/51 — VersR 1953/144; DVZ-Lexikon „Anmeldung und Abführung der Prämie" S. 101; Krien ADSp § 6 SVS Anm. 1.

überhaupt versagt, kann Deckung der Speditionsversicherung lediglich Zeichnung des SVS bedeuten[28].

Eine völlige Klarstellung durch Bereinigung des Wortlautes der Vorschrift bei einer neuerlichen Überprüfung der ADSp wäre dennoch wünschenswert, um allen etwaigen Mißverständnissen — die sich sonst nie ganz ausschließen lassen — vorzubeugen.

a) Unser erstes Ergebnis lautet also: Der Spediteur muß, um sich auf seine Freizeichnung in § 41 a ADSp berufen zu können, den SVS ordnungsgemäß gezeichnet haben.

Dieses Ergebnis wird im Wege des Umkehrschlusses bestätigt durch den Wortlaut des schon erwähnten Abs. c der gleichen Vorschrift, der dem Spediteur bei Nichtzeichnung des SVS die Berufung auf die ADSp verwehrt.

Die Speditionsversicherung hat nun der Spediteur gemäß §§ 39 a, 41 c ADSp bei bestimmten Versicherern abzuschließen. Es handelt sich dabei um eine Gruppe von Speditionsversicherern, die unter Führung der Victoria Feuer-Versicherungs-A.G., Berlin, nach der Beteiligungsliste des SVS hinter § 19 SVS unter Vermittlung der Firma Oskar Schunck KG die Speditionsversicherung nach den Bedingungen des SVS betreiben. Hat also der Spediteur bei allen diesen Versicherern den SVS gezeichnet, ist er für jeden durch diese gedeckten Schaden haftfrei. Hat er es nicht getan, ist auch seine Freizeichnung nach § 41 a ADSp hinfällig.

Die erste Begrenzung der Freizeichnung des Spediteurs nach § 41 ADSp lautet demnach: Nichtzeichnung des SVS bei den in § 39 ADSp vorgeschriebenen Versicherern. Die Zeichnung des SVS bei den bestimmten Versicherern ist damit ein wesentliches Element für die Freizeichnung und eine bedeutsame Grenze der Freizeichnung überhaupt.

b) Wir haben weiterhin festgestellt, daß nur bei Zeichnung des SVS nach den §§ 39 f ADSp sich der Spediteur auf seine Haftungsbefreiung, ja die ADSp überhaupt, berufen darf.

aa) Nun taucht jedoch die gewichtige Frage auf, wie es dann ist, wenn der Spediteur zwar nach den ADSp zu arbeiten angibt, jedoch nicht die in den ADSp und im SVS vorgesehenen Speditionsversicherer als Partner des Versicherungsvertrages gewählt hat, sondern bei einer anderen Gesellschaft Versicherungsschutz genommen hat.

Die Frage läßt sich, soweit sie den Rahmen der von den Spitzenverbänden der Spediteure und der Wirtschaft gemeinsam festgestellten ADSp betrifft, rechtlich nur so einwandfrei lösen:

Es werden mit den ADSp auch der dortige X. Abschnitt über die Speditionsversicherung, §§ 39 bis 41, als Vertragsinhalt vereinbart, (wobei die ADSp zu ihrer Anwendbarkeit einer besonderen, wenn auch möglicherweise stillschweigenden Vereinbarung bedürfen,

[28] OGH Wien v. 2. 10. 50 — 1 Ob 473/50 — VersRdsch 1951/37 (39) usw. —siehe auch Anm. 24.

um zum Inhalt eines Vertrages zu werden[29],) mithin auch die Klausel des § 41 c ADSp[30], der die Anwendbarkeit der ADSp stehen und fallen läßt mit der Zeichnung des SVS bei den besonders vorgesehenen Speditionsversicherern. Damit ist aber für den Fall einer Zuwiderhandlung vereinbart, daß die ADSp nicht anzuwenden sind und der Spediteur seinem Auftraggeber voll nach dem Gesetz haften soll[31]. Mit anderen Worten hat der Spediteur einen ganz bestimmten Versicherungsschutz zu verschaffen oder er haftet unbegrenzt[32]. § 39 ADSp läßt, obwohl er eine Sollvorschrift zu sein scheint[33], nur eine Zeichnung des SVS bei den von den Wirtschaftsverbänden beauftragten und benannten Versicherern zu, wie sie in der Beteiligungsliste nach § 19 SVS aufgeführt sind[34]. Andere Versicherer erfüllen daher, wie sich aus § 41 c ADSp ergibt, diese Voraussetzung nicht. Selbst eine genau nach den Bedingungen des SVS arbeitende andere Speditionsversicherung kann somit nicht dem Spediteur eine Berufung auf die ADSp ermöglichen[35].

Hiergegen können auch nicht wirtschaftliche Erwägungen sprechen. Mag es sein, daß vielleicht andere als die nach § 19 SVS benannten Versicherer die Speditionsversicherung für Spediteur und Auftraggeber zu günstigeren Bedingungen anbieten und der Spediteur, hierdurch angelockt, eher geneigt sein wird, mit diesen Versicherern zu kontrahieren. Dennoch hatten sich die Wirtschaftsverbände und die Spediteurverbände bei Schaffung der ADSp auf eine bestimmte Gruppe von Speditionsversicherern geeinigt. Dies ist nicht allein darauf zurückzuführen, daß sich anfangs kein Versicherer zur Übernahme des neuen, unbekannten Risikos in der Speditionsversicherung bereitfinden wollte. Vielmehr sind die Bedingungen der ADSp von den aufstellenden Verbänden unter Berücksichtigung aller Interessen fein aufeinander abgestimmt worden. Hierbei hat die Wirtschaft sich mit der Haftungsbefreiung des Spediteurs nur bei Vorliegen eines Versicherungsschutzes bei ihr bekannten, von ihr ausgewählten und zuverlässigen Versicherern einverstanden erklären können[36]. Denn diese Versicherer geben der Wirtschaft, also den Auftraggebern, einen direkten Schadensersatzanspruch, der es ihnen ermöglicht, ohne den Umweg über den vielleicht zahlungsunfähigen

[29] BGH v. 3. 2. 53 — I ZR 61/52 — NJW 1953/541 = VRS 1953/274 f = BB 1953/186 f = VersR 1953/159 f; Düringer-Hachenburg-Lehmann Vorbem. § 407 HGB Anm. 17; Gessler-Hefermehl § 436 HGB Anm. 30; Raiser S. 109; Renker S. 28.

[30] OLG Nürnberg v. 13. 3. 53 — 3 U 171/49 — NJW 1954/603 (604).

[31] OLG Celle v. 18. 1. 52 — 2 U 186/51 —.

[32] Schwartz § 41 ADSp Anm. 5 b; Eichhorn S. 124; Renker S. 21; Senckpiehl ZHR 1929/300 (302); Schmidt LM Nr. 1 zu § 41 c ADSp.

[33] aus dem Zusammenhang mit § 41 c ADSp ergibt sich jedoch der zwingende Charakter der Bestimmung: Krien § 39 ADSp Anm. 1; Schwartz § 39 ADSp Anm. 5.

[34] Düringer-Hachenburg-Lehmann Vorbem. § 407 HGB Anm. 16; Scharlibbe DVZ 1947 Nr. 6 S. 1; Wagner WiCo 1953 Nr. 38 S. 22.

[35] Renker S. 28; Schiering S. 32.

[36] Krien § 39 ADSp Vorbem. 1.

Spediteur schnellen Ersatz zu erlangen[37]. Hierbei spielten vor allem die Erwägungen eine Rolle, daß der Wirtschaft eine auf jeden Fall bekannte Gruppe von Versicherern haftet — und diese nicht erst in zeitraubenden Nachforschungen bei dem einzelnen Spediteur ermittelt werden müssen — und daß nicht bei einem Zusammenwirken mehrerer Spediteure ein Konfliktfall zwischen den verschiedenen Versicherern entsteht und vor allem, daß bei der geringfügigen Prämie jede Speditionsversicherung nur dann wirksam und den Vorstellungen der Wirtschaftsverbände bei Abfassung der ADSp und des SVS entsprechend arbeiten kann, wenn sie dies auf breitester Basis tut[38]. Eine Zersplitterung der Speditionsversicherung würde sehr bald zu einer zwangsläufigen Prämienerhöhung führen müssen, um den Prämienausfall und damit das bei geringerer Beteiligung erhöhte Risiko auszugleichen. Gerade diese wirtschaftlichen Argumente haben zur Beschränkung des Spediteurs in den §§ 39a und § 41c ADSp auf einen bestimmten Kreis von Speditionsversicherern geführt, so daß gerade diese bestimmte Speditionsversicherung zu einem der wesentlichsten Bestandteile der ADSp geworden ist und eine Nichtbeachtung dieser Vorschriften unbedingt die Anwendung des § 41c ADSp und mithin die volle Haftung des Spediteurs nach dem Gesetz nach sich ziehen muß[39].

Somit ergibt sich, daß keine andere Versicherung als die Speditionsversicherung nach §39 ADSp es dem Spediteur gestattet, sich auf die ADSp zu berufen[40].

Dieses Ergebnis ist in letzter Zeit noch wiederholt angegriffen worden[41]. So wurde verschiedentlich der Umstand, daß die ADSp nur im Zusammenhang mit der Police der Versicherer gemäß der Beteiligungsliste nach § 19 SVS gelten, als Verstoß gegen Dekartellisierungsvorschriften und als sittenwidrig hingestellt. § 41c ADSp, der dem anderweitig seine Speditionsversicherung eindeckenden Spediteur die Begünstigung durch die Regelung der ADSp entzieht, sei daher nicht mehr anwendbar. Vielmehr müsse sich der Spediteur frei entscheiden können, wo er eine Speditionsversicherung nehmen wolle, ohne dabei den Rechtsfolgen des § 41c ADSp ausgesetzt zu sein.

Diese Auffassung geht im Ziele fehl. Sie befürwortet eine Spaltung der Speditionsversicherung und damit leicht eine Rückkehr in

---

[37] Mitteilungsblatt Hamburger Spediteure 1953 Nr. 3 S. 2/3.

[38] Mälzig WiCo 1953 Nr. 38 S. 24; Renker S. 31.

[39] OLG Bremen v. 15.6.51 — 1 U 202/50 — VRS 1951/299 = VersR 1951/210; OLG Düsseldorf v. 20.5.53 — 7 U 257/53 — NJW 1953/1518; Baumbach-Duden Anh. § 415 HGB nach §§ 39f ADSp; Düringer-Hachenburg-Lehmann Vorbem. § 407 HGB Anm. 16; Gessler-Hefermehl § 407 HGB Anm. 24.

[40] OLG Bremen v. 15.6.51 — 1 U 202/50 — VRS 1951/299; OLG München v. 7.12.49 — 3 U 68/49 —; OLG München v. 31.3.50 — 4 U 455/49 —; OLG Nürnberg v. 13.3.53 — 3 U 171/49 — NJW 1954/603 (604); Beyer S. 27.

[41] so von: Krabbe ZfV 1952/154f.; Mumssen WiCo 1953 Nr. 38 S. 39f.; Ruwe VersR 1953/412f. u. 1954/4f. mit ablehnender Stellungnahme von Krien VersR 1953/414f.; Wolgast NJW 1954/603f.

die alte Rechtsunsicherheit. Der Kundschaft, deren Interesse im Vordergrunde zu stehen hat, wird damit kein Dienst erwiesen.

Der Vorwurf einer „monopolartigen Stellung“ ist indessen nicht berechtigt. Bestimmungen wie die Dekartellisierungsvorschriften der Besatzungsmächte oder die demnächst zu erwartende Bundesgesetzgebung zu diesem Punkte sind durch die Bindung des SVS mit den ADSp nicht verletzt. Das ist seit der Schaffung der ADSp als gesichertes Ergebnis in Rechtsprechung und Literatur anzusehen und kann nicht ernstlich bestritten werden[42]. Jedem Versicherer ist es unbenommen, eine Speditionsversicherung zu betreiben, nur nicht auf der Grundlage der ADSp. Der Spediteur, der entgegen den Empfehlungen seiner Berufsverbände die Speditionsversicherung nicht bei den benannten Versicherern eingehen will, muß sich eben eigene Geschäftsbedingungen zulegen, die mit den ADSp nicht mehr identisch sind; dann kann er auch einen beliebigen Versicherer zum Partner seines Versicherungsvertrages wählen. Ob hier aber eine Freizeichnung von der Rechtsprechung ohne weiteres anerkannt werden kann, erscheint zumindest sehr fraglich.

Es ist nämlich zweifelhaft, ob den Gedanken noch Rechnung getragen wurde, die gerade zu einer Billigung der ADSp-Regelung durch die Rechtsprechung geführt haben. Diese sind aber, daß die Bedingungen von den Hauptvertretern beider Wirtschaftskreise unter gegenseitiger Rücksichtnahme auf die verschiedenen Interessen ausgearbeitet und anerkannt wurden, daß weiterhin die Speditionsversicherung durch ihre breite Basis für ihre Arbeit ein besonderes Ansehen hinsichtlich ihrer Liquidität genießt, daß diese Regelung allein dem Kunden völlige Klarheit über seinen Haftungspartner verschafft und bei Beteiligung mehrerer Spediteure dem Kunden eine durchlaufende Deckung ermöglicht, wodurch wiederum sich die Feststellung im einzelnen erübrigt, bei welchem Spediteur das schädigende Ereignis eingetreten ist. Entscheidend ist ferner, daß unfruchtbare Regresse ausgeschlossen, billigste Prämien ermöglicht werden und eine Lösung geboten wird, die dem Spediteur selbst die Gewißheit gibt, nicht über den Umfang der Bestimmungen des SVS hinaus plötzlich regreßpflichtig zu werden[43]. Weiterhin hat eine langjährige Praxis der Speditionsversicherer große Erfahrungen mit sich gebracht, die es ermöglichen, alle Schadensfälle einheitlich zu behandeln und dabei allgemeine Entschädigungsgrundsätze aufzustellen, wie sie auch in den SVS-Schiedsgerichtssprüchen zum Ausdruck kommen können.

Alles dieses würde bei einer Vielzahl von konkurrierenden Versicherern entfallen und damit auch die wirtschaftliche Rechtfertigung für die Ersetzung der Haftung des Spediteurs durch einen Versicherungsschutz.

---

[42] Krien VersR 1953/414.

[43] Mälzig WiCo 1953 Nr. 38 S. 24; Krien VersR 1953/414 (415).

Die Bestimmung des § 41a ADSp hat jedoch nichts sittenwidriges an sich. Die Ersetzung der Spediteurhaftung durch die Haftung einer Versicherung, wie sie in den ADSp/SVS gewährleistet ist, hat in der Rechtsprechung durchweg Anerkennung gefunden[44]. Sie schadet weder dem Kunden, noch begünstigt sie den Spediteur über Gebühr. Beide Partner mußten freilich gewisse Einschränkungen in ihren Interessen hinnehmen. Allein die Tatsache, daß hier eine einzige Versicherungsmöglichkeit nur zur Verfügung gestellt wird, die somit einen gewissen Zwang auf den Spediteur ausübt, scheint daher Gegenstand des Angriffes von Mumssen u. a. zu sein. Doch ergibt sich die Notwendigkeit, die Speditionsversicherung nur einer ausschließlichen Gruppe von besonders ausgewählten Versicherern anzuvertrauen, gerade aus den vorher angeführten wirtschaftlichen Rücksichten, die schon für die Anerkennung der ADSp maßgebend waren und es auch heute noch sind.

Daher kann von einer Sittenwidrigkeit der Bestimmung des § 41c ADSp keine Rede sein.

bb) Fraglich ist jedoch, ob der Spediteur, der entgegen § 41c ADSp die Speditionsversicherung anderweitig gedeckt hat, nicht den betreffenden Abschnitt der ADSp über die Speditionsversicherung vertraglich wegbedingen, d. h. diese Vorschriften also nicht zum Gegenstand des Speditionsvertrages bei sonstiger Anwendbarkeit der ADSp machen kann. Dies müßte theoretisch möglich sein, ebenso wie die Aufstellung eigener Geschäftsbedingungen[45], denn auch in den ADSp gilt grundsätzlich, wie überall im Schuldrecht, die Vertragsfreiheit[46]. Hiergegen bestehen aber gewichtige Bedenken. Benutzt der Spediteur die ADSp unter ausdrücklicher Fortlassung der Vorschriften über die Speditionsversicherung, so wird er sich entgegenhalten lassen müssen, daß die ADSp und der SVS, — wie sich schon aus der in engstem Zusammenhang stehenden, wechsel-bezüglich fein aufeinander abgestimmten Regelung ergibt — ein untrennbares Ganzes bilden[47], bei dem, wenn die zentralen Vorschriften über die Speditionsversicherung entfallen, die ganze Haftungsregelung hinfällig werden muß. Die wirtschaftliche Rechtfertigung ergibt sich dazu aus dem vorher Gesagten.

cc) Arbeitet nun der Spediteur nach eigenen Bedingungen, die er aber nicht, um die Kundschaft nicht zu täuschen, ADSp nennen darf, so wird man ihm nicht mehr eine dem Rechtsgedanken des § 41c entsprechende Vorhaltung machen können. Einen Versicherungsschutz wird er bei anderen Versicherern nehmen müssen, denn die SVS-Versicherer verlangen vom Spediteur, daß er seiner Arbeit

---

[44] insbes. seit RG v. 6. 2. 32 — I 288/31 — Bd. 135/175 f. = JW 1932/1724.

[45] Senckpiehl ZHR 1929/300 (302).

[46] OGH Wien v. 2. 10. 50 — 1 Ob 473/50 — VersRdsch 1951/37 (39); OLG Nürnberg v. 13. 3. 53 — 3 U 171/49 — NJW 1954/603 (604); Gessler-Hefermehl § 407 HGB Anm. 11; Ruwe VersR 1953/412.

[47] DVZ-Lexikon S. 85; Krien § 39 ADSp Vorbem. 1; Schwartz § 2 ADSp Anm. 5; Mälzig NJW 1954/605; Reith S. 67; Schiering S. 32.

die ADSp zugrundelegt[48]. Allein, es bleiben genug Bedenken gegen ein solches Verfahren seitens des Spediteurs. Das Gericht hätte stets die Prüfung der Berechtigung der Freizeichnung des Spediteurs für den Einzelfall vorzunehmen. Sie kann im Rahmen dieser Arbeit nicht erfolgen. Es darf aber gesagt werden, daß ein solches Verhalten des Spediteurs der Wirtschaft und letzten Endes auch den Spediteuren abträglich ist, da es die Haftungsfragen vollends verwirrt, dem Kunden jede Gewißheit über seinen Haftungspartner und den Versicherungsschutz nimmt und die Klärung solcher Fragen meist dem Gericht anvertraut werden muß. Daß solche unklaren Verhältnisse der Wirtschaft nicht förderlich sind, liegt auf der Hand.

Fassen wir noch einmal diese Ausführungen zusammen, so kommen wir zu dem Ergebnis, daß dem Spediteur eine Berufung auf seine Freizeichnung nach § 41 c ADSp nur gestattet ist, wenn er die im § 39 ADSp vorgesehene Speditionsversicherung genommen hat[49].

Die Grenze der Freizeichnung für jeden nach den ADSp arbeitenden Spediteur liegt also in der Einhaltung der Vorschriften des X. Abschnittes der ADSp, die eine bestimmte Speditionsversicherung vorschreiben. Andere auch noch so günstig für Spediteur und Kunden erscheinende Versicherer erfüllen die Voraussetzungen dieser Vorschriften nicht und gestatten daher dem Spediteur keine Berufung auf eine Freizeichnung.

c) Nach dem bisher Ausgeführten kann der Spediteur sich auf die ADSp dann nicht berufen, wenn er den SVS nicht bei den vorgeschriebenen Versicherern gezeichnet hat.

Die Rechtsprechung hat nun in einigen weiteren Fällen versucht, dem § 41 c ADSp ähnliche Rechtslagen aus dem angeblichen Fortfall eines Versicherungsschutzes zu entnehmen und diese Vorschrift dann für entsprechend anwendbar zu erklären.

aa) So hatte sich das OLG Hamburg[50] mit der Frage zu befassen, ob der Spediteur sich dann noch auf seine Freizeichnung gemäß § 41 a ADSp berufen kann, wenn er zwar den SVS seinerzeit ordnungsgemäß gezeichnet hatte, aber auf die Generalpolice seit Jahren keine Verkehrsverträge mehr angemeldet und dementsprechend auch keine Prämienbeträge an die Versicherer abgeführt hat.

Das OLG führt zutreffend aus, daß der Spediteur den SVS vorschriftsmäßig gedeckt hat und daher nicht unmittelbar den Rechtsfolgen des § 41 c ADSp ausgesetzt sein kann. Dies ergibt sich, wie schon oben ausgeführt, aus der besonderen Gestaltung der Speditionsversicherung, die als laufende Versicherung gemäß § 187 Abs. 2 VVG nicht an die Vorschriften des VVG gebunden ist und es daher ermöglicht, jeden Verkehrsvertrag — mit Ausnahme des eines Ver-

48 DVZ-Lexikon „ADSp und SVS/RVS“ S. 100; Krien ADSp Einl. zu SVS S. 121; Beyer S. 15.

49 siehe auch Krabbe ZfV 1952/154; DVZ 1948 Nr. 5 S. 7 „SVS unlösbarer Bestandteil der ADSp“; Schmidt LM Nr. 1 zu § 41 c ADSp.

50 v. 4. 4. 52 — 1 U 407/51 — VersR 1953/144 f.

botskunden — schon mit dessen Abschluß unter Versicherungsschutz zu stellen. Es kommt daher — siehe die §§ 1, 2 Ziff. 1 und § 6 SVS — für die Verschaffung des Versicherungsschutzes nicht auf die Aufgabe der vom Spediteur abgeschlossenen Verkehrsverträge oder die Abführung der Prämien an die Speditionsversicherer an[51]. Das OLG hatte dies auch nicht verkannt, glaubte aber, aus einer für das Gericht unverbindlichen Auskunft[52] der Fa. Oskar Schunck KG., dem Bevollmächtigten der Speditionsversicherer, sowie auf Grund einer rechtsirrigen Auslegung der hier einschlägigen Vorschrift des § 6 B Ziff. 2 d SVS eine Leistungsfreiheit der Speditionsversicherer annehmen zu müssen. Es billigte daher dem Auftraggeber einen direkten Anspruch gegen den Spediteur in voller Höhe nach dem Gesetz trotz § 41 a ADSp unter entsprechender Anwendung des § 41 c ADSp zu, der angeblich die gleiche Interessenlage wie im vorliegenden Falle im Auge habe.

Es ist hier zweierlei zu beachten, erstens die behauptete Leistungsfreiheit der Speditionsversicherer, die ja wohl nach OLG Hamburg die Voraussetzung für die von ihm angenommene persönliche (volle) Haftung des Spediteurs ist, und zweitens die erst daraufhin erfolgende entsprechende Anwendung des § 41 c ADSp, die den Spediteur nicht mehr nach den ADSp beschränkt, sondern voll nach dem Gesetz haften läßt.

Hat der Spediteur nämlich ordnungsgemäß die Speditionsversicherung gedeckt, so hat er alles getan, um dem Kunden den die Spediteurhaftung ersetzenden Versicherungsschutz zu verschaffen. Daher wurde diese Voraussetzung auch an die Freizeichnung nach den ADSp geknüpft. Hat dann nach dem SVS die Speditionsversicherung für den entstandenen Schaden aufzukommen, so ist der Spediteur gemäß § 41 a ADSp haftungsfrei. Soll daher der Spediteur überhaupt persönlich haften, so muß schon ein Fall vorliegen, in dem die Speditionsversicherung für den Schaden nicht einzutreten hat. Da aber für einen solchen Fall die Leistungsfreiheit der Speditionsversicherer allein Voraussetzung einer entsprechenden Anwendbarkeit des § 41 c ADSp sein kann, ist also vorerst zu prüfen, ob die Speditionsversicherung wirklich nicht haftete. Diese Frage, die ja zunächst im Rechtsstreit mit den Versicherern hätte geklärt werden müssen[53], ist in dem erwähnten Urteil, — soweit veröffentlicht — nur kurz behandelt worden im Gegensatz zu ihrer tragenden Bedeutung für die Entscheidung.

Es ist anfangs also zu untersuchen, ob die Leistungspflicht der Speditionsversicherung tatsächlich, wie das OLG meint, entfallen ist oder ob sie nicht doch noch fortbesteht.

Das Urteil des OLG sagt, den Speditionsversicherern hätten aus dem Versicherungsvertragsverhältnis durchschlagende Einwendun-

---

[51] DVZ-Lexikon „Deckung des SVS/RVS" S. 107.
[52] DVZ-Lexikon „Automatische Versicherung" S. 104.
[53] siehe die Schiedsgerichtsklausel § 41 b ADSp.

gen gegen den Auftraggeber zugestanden, die den Versicherungsanspruch zu Fall gebracht hätten und erwähnt in diesem Zusammenhang den den Versicherern zustehenden Einwand der Verwirkung unter Hinweis auf Reichsgerichts-Judikatur. (Diese Entscheidungen[54] behandeln das Entfallen von Rechten aus einem Versicherungsvertrage unter dem Gesichtspunkt der Verwirkung bzw. des Fortfalles der Geschäftsgrundlage, wobei aber stets Lücken in den Bestimmungen der einzelnen Versicherungsverträge auszufüllen waren.) Der Versicherungsvertrag sei ein Vertrag zu Gunsten Dritter, weshalb Einwendungen gegen den Spediteur als Versicherungsnehmer auch gemäß § 334 BGB gegenüber dem Auftraggeber als Versichertem[55] erhoben werden könnten. Da diese Einwendungen durchschlagend seien, hafte die Speditionsversicherung nicht mehr.

Der Hinweis des OLG auf die Rechtsprechung zur Verwirkung bzw. den Fortfall der Geschäftsgrundlage ist jedoch nicht stichhaltig. Die Rechtsprechung des Reichsgerichtes zu diesen Instituten stützt sich gerade auf die das ganze Schuldrecht beherrschende Generalklausel von Treu und Glauben[56], um somit eine Lücke in den Rechtsbestimmungen auszufüllen. Solange aber Spezialvorschriften, wie sie gerade in den angeführten Entscheidungen fehlten, vorhanden sind bzw. durch deren Auslegungen schon ein Treu und Glauben berücksichtigendes Ergebnis gefunden werden kann, bedarf es einer besonderen Heranziehung der Generalklausel nicht[57]. Hinter der Spezialvorschrift muß die Generalklausel zurücktreten. Diese Spezialvorschrift, die für den vorliegenden Fall maßgeblich ist, findet sich in § 6B Ziff. 2d Satz 1 SVS. Prüfen wir daher, ob wir durch Auslegung dieser Vorschrift zu einem annehmbaren Ergebnis kommen können.

Der Spediteur hatte unbestritten den SVS gezeichnet und damit für den vorliegenden Verkehrsvertrag Versicherungsschutz erlangt, worauf er nach § 41 a ADSp von seiner Haftung im Rahmen dieser Vorschrift frei war. Er hat nun jahrelang keine Prämien abgeführt und natürlich auch keine Verkehrsverträge an die Versicherer weiter gemeldet.

Ist nun ein Versicherungsvertrag abgeschlossen, die Prämie aber noch nicht entrichtet und tritt jetzt der Versicherungsfall ein, so ist der Versicherer grundsätzlich nach § 38 Abs. 2 VVG von seiner Leistungspflicht frei. Ähnliches könnte auch im vorliegenden Falle gelten. Die Speditionsversicherung ist nun eine laufende Versicherung, daher wäre jede einzelne Prämie, die der Spediteur an die Versicherer abzuführen hat, eine Folgeprämie[58] im Sinne des § 39 VVG.

---

[54] RG v. 14. 1. 38 — VII 151/37 — Bd. 156/378 ff.; RG v. 11. 2. 38 — VII 165/37 — Bd. 157/62 ff.

[55] nach § 1 SVS ist der Spediteur Versicherungsnehmer und der Auftraggeber Versicherter des Speditionsversicherungsvertrages.

[56] z. B. Palandt-Danckelmann § 194 BGB Vorbem. 4 b.

[57] siehe auch RG v. 5. 10. 39 — V 87/39 — Bd. 161/330 (337); Oegg in RGR-Komm. § 242 BGB Anm. 2; Palandt-Danckelmann § 242 BGB Anm. 9.

[58] Schmidt VersR 1953/145 (146).

Tritt aber der Versicherungsfall bei Ausstehen einer Folgeprämie ein, so entsteht nur unter besonderen Umständen Leistungsfreiheit des Versicherers. An eine ähnliche Lage mag das OLG gedacht haben, denn die angeführten RG-Entscheidungen befassen sich mit den Folgen einer nach Schadenseintritt festgestellten verspäteten oder völlig unterbliebenen Prämienzahlung. Infolge Fehlens entsprechender Bestimmungen kam das Reichsgericht zu dem Ergebnis, nach Treu und Glauben dem Versicherer eine Leistungspflicht nicht mehr zumuten zu können. Anders ist jedoch der Fall nach den Bedingungen des SVS geregelt. Hier bestimmt § 6 SVS zunächst einmal, daß der Versicherungsschutz völlig unabhängig von der Aufgabe der einzelnen Verkehrsverträge und der termingemäßen Abführung der Prämien an die Versicherer eintritt[59]. Diese nur das Verhältnis Spediteur und Versicherer betreffenden Vorschriften über die rechtzeitige Anmeldung und Abführung der Beträge dienen lediglich der Ermöglichung von Kontrollen[60]. Der Versicherungsschutz ist nach dem General-Versicherungsvertrage mit den Speditionsversicherern bereits mit Abschluß des Verkehrsvertrages — falls der Kunde den Versicherungsschutz nicht verbietet — gewährleistet. Die weiteren Maßnahmen wie Meldung an die Versicherer über die einzelnen Abschlüsse usw. sind ausschließlich Aufgaben des Spediteurs, auf die der Auftraggeber keinen Einfluß hat. Da es nun leicht, gerade bei einer großen Zahl von Aufträgen vorkommen kann, daß dem Spediteur in dieser Hinsicht Versehen unterlaufen, enthält § 6B Ziff. 2d Satz 1 eine diesbezügliche Klausel zum Schutze des Kunden, die dem Rechnung trägt.

Hiernach sollen Versehen des Spediteurs bei der Versicherungsanmeldung, bei der Weitergabe einer 2500 DM überschreitenden Versicherungssumme oder bei der Prämienzahlung oder gänzlicher Unterlassung der Anmeldung dem Versicherten (dem Auftraggeber) nicht zum Nachteil gereichen. Diese Fassung des SVS vom 1. 7. 1951 bringt also zum Ausdruck, daß ein Versehen des Spediteurs in dieser Hinsicht den Versicherungsschutz des Auftraggebers nicht zu Fall bringt, wie es ja auch der Schutz des Kunden bei einer so weitgehenden Haftungsverlagerung gebietet, denn er hat auf die weitere Abwicklung der Angelegenheit keinen Einfluß.

In dem vom Hanseatischen Oberlandesgericht entschiedenen Falle hatte der Spediteur absichtlich, also vorsätzlich die Prämie nicht an die Versicherer abgeführt. Dieses Vorgehen scheint daher nicht unter die „Versehensklausel" zu gehören, wenn man unter einem Versehen jedenfalls nicht ein absichtliches Tun versteht. Allein aus dem Zusammenhang der Bedingungen des SVS, insbesondere der Regreßvorschrift des § 15 Ziff. 1a SVS ergibt sich ein anderes. Diese Vorschrift ordnet die Erstattungspflicht des Spediteurs gegenüber

---

[59] Bruck JW 1927/2786 (2789); Krien ADSp § 6 SVS Anm. 1; siehe auch Bruck § 187 VVG Anm. 6; Renker S. 29.

[60] Bruck JW 1927/2786 (2789).

den Speditionsversicherern an, wenn er vorsätzlich die in § 6 SVS festgelegte Anmeldepflicht für abgeschlossene Verkehrsverträge verletzt hat. Diese Regreßbestimmung setzt aber wiederum voraus, daß die Speditionsversicherer im Verhältnis zum Versicherten (Auftraggeber) zur Leistung verpflichtet sind. Und in der Tat war die frühere Fassung des § 6B Ziff. 2d SVS auch eine dementsprechende. Der Passus „gänzlicher Unterlassung" (ganz klar auf Versehen bezogen!) lautete früher „gänzliche Unterlassung", so daß sich nach den Regeln der Grammatik das Versehen nur auf die vorher genannten Tatbestände, nicht aber auf die „gänzliche Unterlassung" beziehen konnte. Hierdurch kam aber klar zum Ausdruck, daß nicht nur eine versehentliche, sondern jegliche gänzliche, also auch eine vorsätzliche Unterlassung der Anmeldung von Verkehrsverträgen dem Auftraggeber nicht zum Nachteil gereichen sollte. Nur so kann diese Bestimmung (§ 6B Ziff. 2 SVS) in verständliche Übereinstimmung mit der Vorschrift des § 15 Ziff. 1a SVS gebracht werden[61]. Die neue Fassung scheint ein unbeabsichtigtes Redaktionsversehen zu sein[62]. Diesen Zusammenhang in den Bestimmungen des SVS übersieht Schmidt[63], wenn er, von der früheren Fassung des SVS ausgehend, gerade nachweisen wollte, daß sich das „Versehen bei" auch auf die gänzliche Unterlassung beziehen soll, also nur eine versehentliche, nicht eine vorsätzliche Unterlassung den Versicherungsschutz nicht berühre.

Selbst vorsätzliche Unterlassung der Anmeldung kann daher den Versicherungsschutz nicht beeinträchtigen[64].

Fragen wir uns nun weiter, ob sich an dem festgestellten Ergebnis etwas ändert, wenn der Spediteur nicht nur in Einzelfällen, sondern seit Jahren schon keine Anmeldungen mehr auf den SVS hin vorgenommen hat.

Das OLG Hamburg und mit ihm Schmidt wollen gerade aus dieser Tatsache den Schluß ziehen, daß es den Speditionsversicherern nicht mehr zuzumuten sei, den Spediteur als Versicherungsnehmer zu betrachten und wollen daher der Speditionsversicherung Leistungsfreiheit gewähren[65].

Das Ergebnis muß aus einer Betrachtung und Auslegung der Vorschriften der ADSp/SVS, insbesondere des § 6B Ziff. 2d gefunden werden.

Wie schon dargelegt, umfaßt diese Vorschrift auch eine vorsätzliche Unterlassung der Anmeldung bei den Versicherern. Bei der Auslegung dieser Vorschrift hinsichtlich ihres Anwendungsbereiches

---

61 Weller S. 49.

62 so auf Anfrage die Fa. Schunck.

63 in VersR 1953/145.

64 SVS-Schiedsgericht Leipzig v. 8. 11. 30 HRGZ 1931 A Sp. 101 (104); Isaac §§ 40—43 ADSp, § 5 SVS Anm. III 1b; Krien § 41 ADSp Anm. 5 u. § 6 SVS Anm. 1; Schwartz § 41 ADSp Anm. 2; Beyer S. 19; Koehler EE Bd. 47/14 in Berichtigung zu LZ 1927 Sp. 1456; Reith S. 69/70; Renker S. 41.

65 siehe auch DVZ-Lexikon „Prämienhinterziehung" S. 125.

ist entsprechend den oben[66] erwähnten Grundsätzen vorzugehen, die Lage also von einem die Belange der beteiligten Wirtschaftskreise nach Treu und Glauben berücksichtigenden Standpunkte rechtlich zu würdigen und, sollte so ein Ergebnis nicht zu erhalten sein, subsidiär die Unklarheitenregel heranzuziehen.

Hierzu führt das OLG aus, die Vorschrift § 6B Ziff. 2d SVS sei ihrem Sinne nach nur auf Einzelfälle und nicht auf ständige Unterlassungen anwendbar. Sie diene zwar ausschließlich den Interessen des Versenders, der durch die Nachlässigkeit des Spediteurs in seiner Pflichterfüllung in seinen Interessen nicht verletzt werden sollte. Hieraus könne man aber keinen allgemeinen Grundsatz entnehmen, daß in jedem Falle grober Pflichtverletzung des Spediteurs die Speditionsversicherung dennoch zu leisten habe und der Spediteur von einer Inanspruchnahme des Auftraggebers freigehalten werden sollte. Daher müsse die Vorschrift § 6B Ziff. 2d SVS einschränkend ausgelegt werden, womit die Speditionsversicherung bei langjähriger Prämienhinterziehung durch den Spediteur von ihrer Leistungspflicht nach § 6B Ziff. 2d SVS frei sei.

Das OLG stützt sich in seiner Auslegung auf den Gedanken, daß es rechtspolitisch nicht angebracht sei, auch hier noch einen den Spediteur begünstigenden Versicherungsschutz zu gewähren. Nun, letzteres ist gewiß nicht der Fall, wie wir aus der Regreßbestimmung des § 15 SVS entnehmen können. Der Spediteur muß also den Schaden doch, wenn auch nur auf dem Regreßwege, letztlich ersetzen.

Entscheidend ist aber die Würdigung der Interessenlage von der Warte aller Parteien für eine Vielzahl von Fällen. Sie kann das vom OLG Hamburg vertretene Ergebnis nicht rechtfertigen. Der bloße Wortlaut der Vorschrift deckt jede Prämienhinterziehung, wie wir gesehen haben und zwar gerade im Interesse des Kunden, der im Gegensatz zu den Speditionsversicherern keinen Einfluß auf ein unlauteres Gebaren des Spediteurs haben kann.

Die Speditionsversicherer sind freilich an einer ordnungsgemäßen Abwicklung des Versicherungsverhältnisses interessiert. Sie haben aber gerade durch den Versicherungsvertrag eine ganze Reihe von Möglichkeiten, den Spediteur zur Einhaltung seiner Verpflichtungen anzuhalten, um gerade ein vertragswidriges Handeln des Spediteurs zu unterbinden[67]. So haben die Versicherer nach § 7 SVS das Recht, die Bücher des Spediteurs und die sonstigen Unterlagen, soweit sie die Speditionsversicherung betreffen, einzusehen, sie können den Spediteur mit der Abführung der Prämie in Verzug setzen und dann nach § 15 Ziff. 1a SVS die an den geschädigten Auftraggeber ausgekehrte Versicherungsleistung vom Spediteur in voller Höhe erstattet verlangen, und weiterhin können sie dem Spediteur gemäß § 16 SVS sogar den Versicherungsvertrag kündigen, alles Möglichkeiten, die

---

[66] S. 14ff. dieser Arbeit.
[67] Beyer S. 28; Renker S. 63.

zum Schutz der Speditionsversicherer voll ausreichen und, die der Auftraggeber nicht hat.

Er ist ganz im Gegenteil auf die ehrliche und ordnungsmäßige Handlungsweise des Spediteurs angewiesen. Daher gebietet es die allgemeine Interessenlage dringend, schon um der Rechtssicherheit willen, den Versicherungsschutz des Auftraggebers nicht durch irgendwelche Machenschaften des Spediteurs in Zweifel zu ziehen, sondern ihn unverändert bestehen zu lassen. Es wäre sonst auch schwierig zu ermitteln, wo nun die Grenze zwischen den nach § 6 SVS nicht schädlichen Einzelfällen und den den Versicherungsschutz beeinträchtigenden länger andauernden Prämienhinterziehungen liegen soll.

Sprechen aber gerade die Interessen des Auftraggebers, man denke nur an eine mögliche Illiquidität des Spediteurs, gerade für eine Aufrechterhaltung des Versicherungsschutzes, dann kann für die Interessenlage dieser Auftraggeber nichts anderes gelten als bei einer normalen Abwicklung des Versicherungsverhältnisses, nämlich die Vorzüge des Versicherungsschutzes gemäß den Bestimmungen des SVS zu genießen. Denn hat der Auftraggeber die dem Vertrag zu Grunde gelegten ADSp/SVS gebilligt, so wäre es jetzt vertragswidrig, wollte er eine andere Regelung verlangen. Die Interessenlage des Auftraggebers muß also unter Zugrundelegung der ADSp gewürdigt werden, die aber gerade den Spediteur für unter die Leistungspflicht der Versicherung fallende Schäden haftungsfrei sein läßt. Inwieweit die Haftungsfreiheit eine endgültige bleibt, muß der Auftraggeber entsprechend der Regelung des SVS dem Innenverhältnis Spediteur und Versicherer überlassen. An einer Haftungsfreiheit der Speditionsversicherer nur um der Bestrafung des Spediteurs willen kann ihm daher nicht gelegen sein, zumindest wäre ein solches Interesse unbeachtlich. Ist also gerade ein Interesse des Auftraggebers an der Erhaltung des Versicherungsanspruches anzunehmen, wobei die bekannte Zahlungsfähigkeit, die schnellere Schadensregulierung (während der Spediteur, schon um seine Vermögenslage nicht zu gefährden, es häufig auf einen Prozeß ankommen lassen wird[68]) usw. ausschlaggebend sind, ist das Interesse der Speditionsversicherer an ihrer Leistungsfreiheit minderer Art, weil sie gegenüber dem Spediteur einen Regreßanspruch nach § 15 SVS in voller Höhe haben. Daß aber der Schutz des Kunden und die Erhaltung seines Versicherungsanspruches oberstes Gesetz des SVS sind, zeigt auch die Vorschrift des § 8 Ziff. 4 SVS, der gerade in Fällen des § 15 SVS den Versicherungsschutz des Kunden unberührt läßt.

Selbst die Anwendung der Unklarheitenregel würde zum gleichen Ergebnis führen, da sie ja eine Auslegung zu Lasten des Verfassers der Bedingungen mit sich bringen würde, nach welcher eine Einschränkung der „Versehensklausel“ nicht zulässig erscheint. Eine

[68] Isaac JW 1929/2804 (2806).

andere Auffassung, die zur Berücksichtigung egoistischer Interessen führen würde, ist nicht schutzwürdig. Das Reichsgericht gebietet daher bei der Auslegung von Geschäftsbedingungen gerade eine gesetzesähnliche, also die übergeordneten Interessen der Wirtschaftspartner für eine Vielzahl von Fällen berücksichtigende Betrachtung[69], was eine Respektierung von egoistischen Interessen geradezu verbietet.

Die Unklarheitenregel führt mithin zu einem dem Versicherten günstigen Ergebnis, sofern sich Unklarheiten (die meines Erachtens garnicht gegeben sind) günstig oder ungünstig auslegen lassen. Man kann jedoch eine günstige Auslegung für den Auftraggeber nur darin sehen, daß ihm der Versicherungsschutz erhalten bleibt, denn die zu erlangenden Haftungsbeträge entsprechen im wesentlichen denen aus einer gesetzlichen Haftung des Spediteurs — § 2 Ziff. 1 SVS —. Da es aber gerade der tiefere Sinn der Vorschriften des SVS ist, — siehe § 8 Ziff. 4 SVS — dem Auftraggeber auf jeden Fall einen Versicherungsanspruch zu gewähren, gleichgültig, ob der Spediteur den Geschäftsverkehr mit den Speditionsversicherern, der ihm als deren Hauptpartner überlassen wurde, ordnungsgemäß abwickelt oder nicht, kann eine Auslegung des § 6B Ziff. 2d SVS nur zu einer Bejahung der Haftpflicht der Speditionsversicherung auch für den Fall einer langjährigen Prämienhinterziehung durch den Spediteur führen[70].

Schmidt kommt in seiner Anmerkung[71] zu der Entscheidung des OLG zu einer abweichenden Auffassung. Er läßt sich dabei vom Ergebnis des OLG leiten, daß ja bekanntlich die Anwendbarkeit der ADSp ausschließen will, und stellt dabei die behauptete Nichthaftung der Speditionsversicherer mit der Nichtanwendbarkeit der ADSp gleich. Dies wäre insoweit zutreffend, als durch das Verhalten des Spediteurs der gesamte General-Versicherungsvertrag hinfällig würde. Dann wäre freilich der § 41c ADSp unmittelbar anzuwenden. Doch dies wollen offenbar weder das OLG Hamburg noch Schmidt. Eine sonstige Verknüpfung der Leistungsfreiheit der Versicherer mit einer Haftpflicht des Spediteurs nach dem Gesetz ist aber nicht angängig. Schon die Haftungsausschlüsse in § 5 SVS zeigen ein anderes; auch Verbotskunden müssen sich die ADSp entgegenhalten lassen, obwohl die Speditionsversicherer nicht zu leisten haben. Die Haftung des Spediteurs nach den gesetzlichen Bestimmungen und die Nichthaftung der Versicherer sind nicht stets miteinander gekoppelt. Die Speditionsversicherer können andererseits auch dann haften, wenn auch der Spediteur trotz der ADSp voll in Anspruch genommen werden kann, wie die unabdingbare Haftung des Spediteurs für eigenen Vorsatz zeigt.

---

[69] z. B. RG v. 26. 3. 43 — VI (VII) 144/42 — Bd. 171/43 (48).

[70] SVS-Schiedsgericht Leipzig v. 8. 11. 30 im Ergebnis in HRGZ 1931 A Sp. 101 (104); Krien § 41 ADSp Anm. 5; Reith S. 70.

[71] VersR 1953/145.

Die Verknüpfung einer angeblichen Nichthaftung der Versicherer mit der persönlichen Haftung des Spediteurs in voller Höhe ist also nicht zwingend und daher nicht geeignet, die Entscheidung zu tragen.

Ist aber die Leistungspflicht der Versicherer unabhängig von einer etwaigen Haftung des Spediteurs zu prüfen, so kann es nur darauf ankommen, ob durch das Verhalten des Spediteurs das Versicherungsverhältnis Auftraggeber und Versicherer beeinträchtigt wurde. Bei der Auslegung der Vorschrift des § 6B Ziff. 2d SVS war daher die Interessenlage des Auftraggebers gerade insoweit zu beachten, als sie überhaupt einen Versicherungsanspruch als interessegemäß erscheinen ließ. Und dies war zu bejahen.

Einer Heranziehung des Verwirkungseinwandes als „durchschlagende Einwendung" der Speditionsversicherer gemäß § 334 BGB gegenüber dem Auftraggeber steht somit die Sonderregelung nach § 6B Ziff. 2d SVS entgegen.

Daher versuchen es Krien und Schmid-Lossberg im DVZ-Lexikon[72], den Fortfall der Leistungspflicht der Speditionsversicherer bei längerer Prämienhinterziehung anders zu begründen. Sie sehen dann in der Zeichnung des SVS/RVS einen nicht ernstlich gemeinten Vorgang, der als Täuschungsversuch anzusehen sei.

Dieses käme im Ergebnis auf eine Heranziehung der Bestimmungen des § 116 BGB oder der §§ 119ff. BGB heraus.

Während jedoch gerade § 116 BGB eine nicht ernstlich gemeinte Willenserklärung für gültig, also verbindlich, erklärt, gewähren die §§ 119ff. BGB dem Getäuschten insbesondere nach § 123 BGB ein Anfechtungsrecht. Macht die Speditionsversicherung von diesem Recht wirksam Gebrauch, so beseitigt sie die eigene Willenserklärung (§ 142 BGB), womit der Speditionsversicherungsvertrag rückwirkend hinfällig würde. Dies könnte auch hier Geltung haben. Ob der Schutz der inzwischen abgeschlossenen Verkehrsverträge entsprechend dem Rechtsgedanken des § 8 Ziff. 4 SVS etwas anderes gebietet, kann aber dahin gestellt bleiben, denn eine Anfechtung entfällt aus anderen Gründen.

Meist wird der Spediteur erst, wie es nach dem Kriegsende mit seinen verwirrten Verhältnissen möglich wurde, überhaupt in die Lage kommen, trotz der Kontrollrechte der Speditionsversicherung erfolgreich längere Zeit Prämien hinterziehen zu können, ohne daß zunächst etwas bemerkt wird. (Der Spediteur hat nämlich sämtliche Verkehrsverträge, auch die von Verbotskunden, anzumelden. Es würde sofort auffallen, wenn ein Spediteur überhaupt keine Verträge aufzuweisen hätte!) Dann kommt aber eine Anfechtung nicht mehr in Betracht, weil ihre Voraussetzungen fehlen, denn die Täuschungshandlung muß bei Abschluß des Vertrages, also des General-Versicherungsvertrages, vorgelegen haben. Hier kann sich die Speditions-

[72] „Prämienhinterziehung" S. 125; „Deckung des SVS/RVS" S. 107.

versicherung ihres lästigen Vertragspartners nur durch eine Kündigung gemäß § 16 SVS entledigen. Diese beseitigt aber nicht den einmal bestehenden Versicherungsschutz, wie § 8 Ziff. 4 SVS erweist. Ganz im Gegenteil ergibt diese Vorschrift den tragenden Grundgedanken der Speditionsversicherung wieder, nach dem Verstöße des Spediteurs gegen die Verpflichtungen aus dem SVS dem Versicherten nicht schaden sollen[73].

Nach diesen Erwägungen kann dem Speditionsversicherer eine Leistungsfreiheit im vorliegenden Falle nicht zugebilligt werden.

Eine langjährige, selbst vorsätzliche Prämienhinterziehung des Spediteurs kann den Versicherungsschutz des Auftraggebers daher nicht beeinträchtigen.

Unabhängig von der Leistungspflicht der Speditionsversicherer bejaht nun allerdings Krien[74] daneben die volle Haftpflicht des Spediteurs, so daß der Auftraggeber sich nunmehr aussuchen könne, an wen er sich halten wolle. In diesem Falle „wird er (der Spediteur) sich so behandeln lassen müssen, als habe er nicht SVS und RVS gezeichnet mit der Folge, daß ihm die Berufung auf § 41 a ADSp abgeschnitten ist, obwohl die Speditionsversicherer dem Auftraggeber auf Grund des SVS und RVS für den eingetretenen Schaden haften"[75]. Dies wird hier nicht näher begründet, später aber im DVZ-Lexikon[76] dahin ergänzt, daß es den Speditionsversicherern nicht mehr zugemutet werden könne, den Spediteur als ihren Versicherungsnehmer anzusehen bzw., die Zeichnung des SVS müsse als nicht ernstlich gemeinter Vorgang und als Täuschungsversuch gelten.

Wir haben aber gesehen, daß hieraus für das ganze Vertragsverhältnis keine Schlüsse gezogen werden konnten, dieses vielmehr bestehen geblieben ist und die Speditionsversicherer für den entstandenen Schaden aufzukommen haben. So könnte es lediglich angehen, die persönliche Leistungspflicht aus dem Verhältnis des Spediteurs zum Auftraggeber herzuleiten. Dem Auftraggeber gegenüber sind jedoch die Voraussetzungen der Leistungsfreiheit des Spediteurs nach § 41 a ADSp, soweit sie die Zeichnung des SVS und die Deckung des Schadens durch die Versicherung fordern, immer noch gegeben. Eine Bestrafung des Spediteurs ist gegenüber dem Auftraggeber durch nichts gerechtfertigt. Es besteht daher keine Veranlassung, von den Vorschriften der ADSp/SVS abzuweichen, man wird vielmehr die weitere Regelung den Vertragsbestimmungen des SVS zu überlassen haben.

Haben wir die Anwendung der Klausel des § 6B Ziff. 2d SVS auf den vorliegenden Fall einer lange andauernden Prämienhinterziehung des Spediteurs anerkannt, so müssen wir die dann maßgebliche Vorschrift über die Regreßpflicht des Spediteurs gegenüber

---

[73] Schwartz ADSp § 7 SVS Anm. 5.
[74] Krien § 41 ADSp Anm. 5.
[75] Krien § 41 ADSp Anm. 5.
[76] DVZ-Lexikon „Prämienhinterziehung" S. 125.

den Versicherern nach § 15 Ziff. 1 a SVS — die gerade als Strafe für den Spediteur in diesem Falle gedacht ist — heranziehen. Diese den Spediteur voll belastende Regreßpflicht erscheint als ausreichendes Gegengewicht, um den Spediteur zur Einhaltung seiner internen Vertragspflichten gegenüber den Speditionsversicherern anzuhalten. Der Auftraggeber ist aber durch seine Unterwerfung unter die ADSp gemäß § 40 ADSp auch an diese Regelung gebunden. Daher sind für den Auftraggeber allein die §§ 39 ff., mithin § 41 a ADSp, der die Leistungsfreiheit des Spediteurs vorsieht, maßgebend. Diese Vorschrift steht in unlösbarer Verbindung mit dem SVS. Deckt die Speditionsversicherung den Schaden des Auftraggebers, so ist der Spediteur von seiner Haftung frei.

Es verstößt auch nicht gegen Treu und Glauben, den Auftraggeber nur auf den Versicherungsschutz zu verweisen, den er auch einzig und allein bei ordnungsgemäßer Geschäftsführung des Spediteurs zu beanspruchen gehabt hätte. Die Verletzung einer das interne Verhältnis Spediteur und Versicherer betreffenden Vorschrift, die den Auftraggeber, wie oben nachgewiesen, garnicht berührt, kann zwischen Auftraggeber und Spediteur dann keine Berücksichtigung finden.

Mag eine Anerkennung der Leistungsfreiheit des Spediteurs nach § 41 a ADSp in diesem Falle rechtspolitisch auch noch so unerwünscht sein, so gebietet doch andererseits gerade die Rechtssicherheit die Aufrechterhaltung des Vertrages in allen seinen Bestimmungen, der die zivilrechtliche Ahndung des Verhaltens des Spediteurs dem Innenverhältnis zwischen Spediteur und Versicherer überläßt. Erfordern Treu und Glauben eine Entschädigung des Auftraggebers in angemessener Höhe und weiterhin eine Bestrafung des Spediteurs, so ist dies in obigem Ergebnis berücksichtigt.

Der Vertragspartner des Auftraggebers für die Entschädigungsleistung ist die Speditionsversicherung. Diese hält sich dann an ihren Schädiger nach § 15 SVS, nämlich den Spediteur.

Gerade aber die Gedankenführung des vom OLG Hamburg angeführten Urteils des Reichsgerichts[77] paßt auf den vorliegenden Fall nicht. Dort bestand zwar auch eine Versehensklausel zugunsten des Versicherungsnehmers, der aber gleichzeitig auch Versicherter war. Demgemäß schloß diese Klausel den Vorsatz nicht ein, so daß gerade für eine vorsätzliche Verletzung vertraglicher Pflichten keine Regelung getroffen war. Dort war daher die Anwendung der auf der Generalklausel § 242 BGB beruhenden Rechtsprechung zur Ausfüllung dieser Lücke berechtigt. Sieht jedoch der Vertrag selbst eine Regelung „innerhalb des Vertrages“ vor, so besteht kein Bedürfnis, eine Lücke ausfüllen zu müssen.

Deshalb steht in diesem Falle nach Treu und Glauben im Erfordernis einer weitgehenden Rechtssicherheit der Leistungsfreiheit

[77] RG v. 11. 2. 38 — VII 165/37 — Bd. 157/67 ff.

des Spediteurs nach § 41 a ADSp gegenüber dem Auftraggeber nichts im Wege. Eine Anwendung des § 276 Abs. 2 BGB, der die Freizeichnung von eigenem Vorsatz im voraus verbietet, kann hier nicht erfolgen, weil der Auftraggeber, mit dem die Haftungsbefreiung vereinbart wurde, dann selbst vorsätzlich geschädigt sein muß. Er ist jedoch insoweit nicht betroffen, geschädigt wurden allenfalls die Versicherer, die aber nach § 15 SVS beim Spediteur Regreß nehmen können.

Mithin ist der Spediteur gemäß § 41 a ADSp haftungsfrei. Eine weitergehende Haftbarmachung unter entsprechender Anwendung des § 41 c ADSp scheidet von selbst aus.

Fassen wir unser Ergebnis noch einmal zusammen, so sehen wir, daß eine entsprechende Heranziehung der Vorschrift des § 41 c ADSp und damit eine Begrenzung der Freizeichnung des Spediteurs nach § 41 a ADSp in Fällen, in denen der Spediteur vorsätzlich und langfristig seine Vertragspflichten gegenüber der Speditionsversicherung, insbesondere hinsichtlich Prämienabführung und Anmeldung der Verkehrsverträge bei den Versicherern, verletzt, nicht möglich ist. Dies rechtfertigt sich auch aus der Erwägung, daß § 41 c ADSp eine Sondervorschrift für einen besonderen Fall mit strengen Rechtsfolgen ist, die eine ausdehnende Anwendung nicht gestattet.

bb) Wir hatten im vorhergehenden Abschnitt ein Bedürfnis einer entsprechenden Anwendbarkeit des § 41 c ADSp abgelehnt, ohne die besondere Lage eines Auftraggebers berücksichtigen zu müssen, dem die Speditionsversicherer nicht zu leisten haben.

Es sind aber auch, wenngleich selten, Fälle denkbar, in denen die Versicherungsleistung, auf die nach wie vor ein rechtlicher Anspruch besteht, durch tatsächliche Ereignisse wie Kriegsfolgen oder auch durch Konkurs eines Versicherers uneinbringlich werden kann. Da der Auftraggeber dann von seinem Hafter nichts erhält, so ist zu fragen, ob nicht die Gerechtigkeit auch eine Inanspruchnahme des Spediteurs trotz § 41 a ADSp gebietet, etwa indem man ihm die Berechtigung, sich auf seine Leistungsfreiheit nach § 41 a ADSp zu berufen, unter Heranziehung der Vorschrift § 41 c ADSp in entsprechender Weise versagt.

Auch hier muß die Lösung durch eine Auslegung der Vorschrift § 41 ADSp ermittelt werden. Wiederum sind nicht einseitig die Belange einer Partei, sondern die übergeordneten Interessen aller Beteiligten für eine Vielzahl von Fällen zu würdigen. Auch wird es nicht möglich sein, bloß um der Gerechtigkeit willen einschlägige Rechtsvorschriften unbeachtet zu lassen. Daher ist auch hier die Gesamtregelung der ADSp/SVS mit zu würdigen, wie es in einem entsprechenden Falle auch der Österreichische Oberste Gerichtshof zu tun hatte[78].

Der SVS war ordnungsgemäß gezeichnet, der betreffende Schaden versicherungsmäßig gedeckt und rechtzeitig bei den Speditionsver-

[78] OGH Wien v. 2. 10. 50 — 1 Ob 473/50 — VersRdsch 1951/37 ff.

sicherern angemeldet gewesen, ja die Versicherer hatten ihre Leistungspflicht bereits anerkannt, als durch das Kriegsende Österreich gebietsmäßig von Deutschland getrennt und das Entschädigungsverfahren unterbrochen wurde, so daß der Auftraggeber im Augenblick keine Entschädigungsleistung von den Speditionsversicherern erhalten konnte. Der Auftraggeber wollte nun den Spediteur belangen.

Hier lagen zunächst unbestreitbar die Voraussetzungen des § 41 a ADSp, der dem Spediteur Leistungsfreiheit gewährt, vor. Es ist nunmehr zu untersuchen, ob diese Leistungsfreiheit durch solche besonderen Umstände wieder in Fortfall kommen kann.

Das Vorgericht[79] hatte aus dem ganzen Wesen der Speditionsversicherung als einer Art Haftpflichtversicherung, die dazu diene, dem Spediteur die Verantwortung für Haftungsfälle zu erleichtern, ohne den dem Auftraggeber zustehenden Ersatzanspruch in Frage zu stellen, geschlossen, daß einen solchen Ausfall durch das völlige Versagen der Versicherer der Spediteur tragen müsse und nicht auf den Auftraggeber abgewälzt werden dürfe. Der Spediteur werde durch die Bestimmung des § 41 a ADSp nicht vollends frei, sondern trage noch stets die Gefahr der Leistung seitens der Speditionsversicherer, letzten Endes sei also seine Leistungsfreiheit von der Zahlung der Versicherer abhängig. Als Beleg für seine Ansicht zitiert das OLG § 18 SVS — die Schiedsgerichtsklausel — und erwähnt, daß die Entscheidung des dort berufenen Schiedsgerichts auch nie endgültig zu Lasten des Auftraggebers, sondern nur zu Lasten des Spediteurs sich auswirken könne, denn lehne das Schiedsgericht die Leistungspflicht der Versicherer ab, so könne, da das Schiedsgerichtsurteil nach § 41 b ADSp für das Verhältnis Spediteur und Auftraggeber präjudiziell sei, der Auftraggeber jetzt den Spediteur in Anspruch nehmen. Hieraus sei der allgemeine Grundsatz zu entnehmen, daß dem Auftraggeber auf alle Fälle sein Schadensersatzanspruch in irgendeiner Form erhalten bleiben soll, also Nachteile, wie auch im vorliegenden Falle, zu Lasten des Spediteurs gehen müßten.

Hiergegen wendet sich der OGH Wien. Die Speditionsversicherung diene nicht der einseitigen Bevorzugung der Spediteure. Die Entstehungsgeschichte der Bedingungen erweise, daß gerade die beteiligten Wirtschaftspartner unter Berücksichtigung der verschiedensten Interessen eine Lösung der brennenden Haftungsfrage gesucht und gefunden haben. Die Speditionsversicherung gewähre dem Auftraggeber gerade über den Rahmen der ADSp hinaus bis zur Höhe der gesetzlichen Haftung (teilweise auch darüber hinaus) nach den Bedingungen des SVS Ersatzansprüche. Da nun im Schuldrecht der Grundsatz der Vertragsfreiheit herrsche, seien die Parteien daher im Rahmen von Treu und Glauben an ihre Abmachungen gebunden. Hiernach war aber der Spediteur gemäß § 41 a ADSp haftungsfrei.

---

[79] OLG Wien v. 3. 7. 50 — 1 R 403/50 — zitiert in obiger Entscheidung des OGH Wien.

Allein letztere Auffassung wird dem Wesen der Speditionsversicherung gerecht. Das OLG Wien verkennt die Bestimmung des § 41 a ADSp völlig. Der Spediteur ist nach dieser Vorschrift bereits haftungsfrei mit Abschluß des Verkehrsvertrages, soweit der entstehende Schaden überhaupt unter Versicherungsschutz fällt. Auf eine spätere Zahlung der Versicherer kommt es nicht an. Mithin ist Schuldner eines Schadensersatzanspruches einzig und allein die Speditionsversicherung. Dies hat der Auftraggeber mit Billigung der ADSp anerkannt, so daß er an diese Regelung gebunden ist. Er kann sich also grundsätzlich nicht an den Spediteur halten. Die herrschende Meinung sieht daher in der Speditionsversicherung keine Haftpflichtversicherung, sondern eine Versicherung eigener Art[80], die die Haftung des Spediteurs ersetzt. Diese Haftungsregelung berücksichtigt die Belange aller beteiligten Wirtschaftspartner. Dies ergibt sich daraus, daß einmal die Speditionsversicherer die volle gesetzliche Haftpflicht des Spediteurs nach § 3 Ziff. 1 SVS übernehmen, während andererseits dafür der Spediteur haftungsfrei ist und im Interesse der Kundschaft mit erheblich geringeren Risiken, also auch billiger, arbeiten kann. Die in den ADSp/SVS getroffene gerechte Interessenabwägung entspricht daher auch den guten Sitten[81].

Es würde diese fein ausgewogene Lastenverteilung vollends zerstören, wenn ein solcher Eingriff, der die Wiederherstellung der Haftung des Spediteurs mit sich brächte, zulässig wäre. Der Haftungsausschluß ist bereits im geringen Entgelt des Spediteurs berücksichtigt. Würde man jetzt den Spediteur — der zudem auf die Auswahl seiner Versicherer keinen Einfluß hat[82] — haftbar machen, so würde dies zu einer ungerechtfertigten Belastung führen, die, da sie den Spediteur in einer Vielzahl von Fällen treffen müßte, ihn schwer schädigen würde. Der Ausfall der Versicherer betrifft nämlich alle Schäden aus seinen versicherten Verkehrsverträgen, während andererseits der Ausfall der Versicherungsleistung für den Auftraggeber einen Einzelfall darstellt. Wägt man die beiderseitigen Interessen ab, so verdienen die des Spediteurs den Vorzug. Es ist deshalb auch schon aus wirtschaftlichen Gründen angebracht, um der Erhaltung der Leistungskraft des Spediteurs willen nicht an der Lastenverteilung durch die ADSp/SVS zu rütteln. Haben aber einmal die Voraussetzungen für eine Leistungsfreiheit des Spediteurs nach § 41 a ADSp vorgelegen, so ist Schuldner des Schadensersatzanspruches allein die Speditionsversicherung, während der Spediteur nicht mehr haftet. Durch Umstände, die nachträglich in der Person des neuen Schuldners ohne Zutun des Spediteurs eintreten, kann nicht die Haftungsbefreiung des ursprünglichen Schuldners hinfällig werden.

---

[80] OGH Wien v. 2. 10. 50 — 1 Ob 473/50 — VersRdsch 1951/37 (39); Isaac Einl. zu §§ 40—43 ADSp Anm. III 3; Beyer S. 68; Mälzig WiCo 1953 Nr. 38 S. 24; Schiering S. 24.

[81] siehe auch RG v. 18. 10. 21 — VII 89/21 — Recht 1922 Nr. 194.

[82] DVZ-Lexikon „Beteiligungsliste“ S. 106.

Eine Auslegung des § 41 ADSp führt also zu dem Ergebnis, daß nach Zeichnung des SVS mit dem Abschluß des Verkehrsvertrages bei versicherungsmäßiger Deckung des Schadens das Risiko der Ersatzleistung durch die Versicherer allein der Auftraggeber trägt. Daher ist eine Haftbarmachung des Spediteurs nicht gerechtfertigt.

Ein gleiches muß auch für den Fall gelten, daß ein Speditionsversicherer aus anderen Gründen wie z. B. Konkurs ausfällt. Auch dieses Risiko trägt nicht etwa der Spediteur. Er hat nach den ADSp nicht die Auswahl, mit welchen Versicherern er kontrahieren will[83]. Diese sind ihm nach § 39 ADSp vorgeschrieben. Ist aber einmal die Haftungsfreiheit des Spediteurs nach § 41 a ADSp eingetreten, so kann ein Entfallen der Versicherungsleistung die Tatsache der Versicherungsnahme durch den Spediteur, die allein Voraussetzung für eine Berufung auf die ADSp ist, nicht beseitigen, so daß für eine entsprechende Anwendung des § 41 c ADSp kein Raum ist.

Da sich der Spediteur auch in diesen Fällen auf seine Freizeichnung nach § 41 a ADSp berufen darf, liegen sie innerhalb der Grenzen seiner Freizeichnungsmöglichkeit.

Gemeinsam ist diesen Fällen, daß ursprünglich eine Haftungsfreiheit für den Spediteur bereits bestand und bei ordnungsgemäßer Abwicklung des Versicherungsverhältnisses auch nicht in Zweifel gezogen worden wäre. Haben wir aber gesehen, daß ein Wiederaufleben der Haftung des Spediteurs aus Rücksichten der Vertragstreue, der Rechtssicherheit sowie wirtschaftlichen Beweggründen zur Anwendung der ADSp nicht angängig ist, so kann auch von einer entsprechenden Heranziehung des § 41 c ADSp keine Rede sein.

Diese Vorschrift hat einen reinen Erziehungscharakter, sie will den Spediteur veranlassen, den Versicherungsschutz der Speditionsversicherer nach § 39 ADSp zu nehmen, um dann die von der Wirtschaft nur unter dieser Bedingung gutgeheißenen ADSp anwenden zu dürfen. Wie schon erwähnt, hat aber der Spediteur mit der Zeichnung des SVS auch alles getan, was in seiner Macht stand, um seinem Auftraggeber den vorgeschriebenen Versicherungsschutz zu verschaffen. Auf die Zahlungsfähigkeit bzw. Zahlungsmöglichkeit der Versicherer hat er keinen Einfluß. Daher kann es ihm vernünftigerweise auch nicht zur Last gelegt werden, wenn durch ein Ereignis besonderer Art der Auftraggeber einmal keine Zahlung erlangen kann, obwohl eine Verpflichtung der Speditionsversicherer hierzu besteht. § 41 c ADSp paßt auf diese Fälle nicht. Er ist eine Sondervorschrift für den Fall der Nichtzeichnung der Speditionsversicherung. Hierüber hinaus läßt er sich nicht anwenden[84].

cc) Dennoch ist in einigen weiteren Fällen versucht worden, eine entsprechende Heranziehung der die Anwendbarkeit der ADSp ausschließenden Vorschrift des § 41 c ADSp zu erreichen.

---

[83] DVZ-Lexikon „Beteiligungsliste" S. 106; Krien ADSp § 19 SVS Anm. 1.

[84] BGHZ v. 17. 4. 51 — I ZR 28/50 — Bd. 2/1 (2) = VRS 1951/307 (308) = NJW 1951/653 f.

Hat der Spediteur den SVS-Versicherungsschutz nicht verschafft, so darf er sich auf die ADSp nicht berufen. Dieser Satz hat einige Gerichte verführt, auch entsprechendes für eine pflichtwidrige Nichtversicherungsnahme bei einer Transport-, Lager- oder sonstiger Versicherung anzunehmen.

So hat der BGH[85] einmal ausgeführt, daß der Beklagte es schuldhaft unterlassen habe, eine Versicherung des Gutes gemäß den §§ 35 ff. ADSp vorzunehmen und er deshalb gemäß § 41 c ADSp voll nach dem Gesetz hafte. Es liegt die Annahme aber nahe, daß hier ein textliches Versehen vorliegt. Aus der Kommentierung dieser Entscheidung durch Schmid-Lossberg[86] ergibt sich klar, daß der BGH die Nichtzeichnung des SVS meinte. Immerhin durfte dann nicht von einer Versicherung des Gutes gesprochen werden, denn diese ist in den §§ 35 ff. ADSp geregelt und hat mit der Speditionsversicherung nichts zu tun. Eine weitere Entscheidung[87] des gleichen Senates bestätigt die Richtigkeit dieser Auffassung.

Das OLG Dresden[88] hat nun in einem Urteil ausgeführt, daß der Spediteur, der pflichtwidrig die Eindeckung einer Risikoversicherung trotz ausdrücklichen Auftrages unterlassen habe, persönlich nach dem Gesetz haften müsse. Der Rechtsgedanke des § 41 c ADSp, der zeige, daß eine Haftungseinschränkung des Spediteurs nur bei Vorliegen eines Versicherungsschutzes erträglich sei, müsse daher auch hier Berücksichtigung finden.

Da aber der Spediteur auch die Speditionsversicherung nicht genommen hatte, waren bereits nach § 41 c ADSp ohnehin die ADSp der Entscheidung nicht zu Grunde zu legen. Daher trug die oben angeführte Erwägung diese Entscheidung nicht. Sie wäre auch falsch, wie im folgenden noch gezeigt werden soll.

Das OLG Düsseldorf[89] hatte bei weisungswidrigem Unterlassen der Versicherung des Gutes durch den Spediteur gegen Rostgefahr trotz Zeichnung des SVS dem Spediteur die Berufung auf die ADSp unter entsprechender Anwendung des § 41 c ADSp versagt.

Das LG Köln[90] hatte ähnlich in einem Falle, in dem der Spediteur durch seine Weigerung, die nötigen Unterlagen zur Schadensermittlung für den Transportversicherer zu verschaffen, den Transportversicherungsschutz zum Erliegen gebracht hatte, den Spediteur ebenfalls unter entsprechender Anwendung des § 41 c ADSp in voller Höhe nach dem Gesetze verurteilt.

Alle drei Erkenntnisse übersehen die besondere Gestaltung der Transport- und Speditionsversicherung in den ADSp[91].

---

[85] BGH v. 19. 1. 51 — I ZR 53/50 — VRS 1951/156 = NJW 1951/402.
[86] DVZ 1951 Nr. 22 S. 8.
[87] BGH v. 17. 4. 51 — I ZR 28/50 — VRS 1951/307 (308).
[88] OLG Dresden v. 9. 11. 48 — 4 U 9/48 — VRS 1949/152 = BB 1949/131; siehe auch DVZ 1949 Nr. 22 S. 4.
[89] v. 24. 5. 50 — 7 U 14/50 — BB 1950/466.
[90] v. 11. 7. 49 — 1 S 165/49 — JR 1950/597 (598).
[91] Krien in Anm. zu LG Köln JR 1950/598 (599/600).

Der Spediteur ist gemäß § 36 ADSp nur auf ausdrücklichen Auftrag hin verpflichtet, der zudem schriftlich erteilt werden muß, den Schutz einer Transportversicherung bzw. einer sonstigen Versicherung des Gutes zu verschaffen. Damit ist klargestellt, daß die Spediteure darüber hinaus keine Pflichten zur Eindeckung von Gutsversicherungen haben. Ist nun die Verpflichtung des Spediteurs zur Versicherung des Gutes wirksam begründet worden, und hat auch der Spediteur den Versicherungsschutz besorgt, so ist in dem Umfang, in dem die Transportversicherung etc. vertraglich einzustehen hat, keine Leistungspflicht der Speditionsversicherung entsprechend § 5 Ziff. 1 A und C SVS begründet. Unterläßt es der Spediteur schuldhaft, seiner Verpflichtung zur Versicherungsnahme bei einer Transportversicherung nachzukommen und entsteht hierdurch dem Auftraggeber ein Schaden, so begründet dieser gerade den Versicherungsfall für die Speditionsversicherung, wie aus § 2 Ziff. 2 und auch § 9 Ziff. 3 SVS klar hervorgeht. Ebenfalls ist eine Haftpflicht der Speditionsversicherer wieder gegeben, wenn der Spediteur zwar den Transportversicherungsschutz ordnungsgemäß besorgt hatte, aber durch sein Verschulden (siehe z. B. §§ 61,130 VVG etc.) der Transportversicherungsschutz hinfällig wird, so § 5 Ziff. 1 A und C SVS. Ist aber eine Haftpflicht der Speditionsversicherer gegeben, so entfällt auch jegliche Berechtigung, den Spediteur entgegen den Vorschriften der ADSp/SVS — insbesondere § 41 a ADSp — in Anspruch nehmen zu wollen. Hier fehlt wiederum ein Bedürfnis, eine etwaige Lücke in den Bedingungen ausfüllen zu müssen, da der SVS diese Fälle klar erfaßt, so daß bei Vorliegen des SVS-Versicherungsschutzes eine entsprechende Anwendung des § 41 c ADSp verfehlt ist.

So führt auch der BGH[92] aus, daß diese Bestimmung eine Spezialvorschrift sei, die auf den Abschluß oder Nichtabschluß der Speditionsversicherung beschränkt sei und sich auch nur im Zusammenhang mit der Sonderregelung für die Speditionsversicherung finde. Daher könne sie nicht über ihren genau bezeichneten Anwendungsbereich hinaus herangezogen werden.

Auch bei pflichtwidriger Unterlassung oder Beeinträchtigung des Versicherungsschutzes einer Versicherung des Gutes darf sich mithin der Spediteur stets auf die ADSp berufen[93]. Eine Heranziehung der Vorschrift § 41 c ADSp kommt auch hier nicht in Betracht.

dd) Hat der Spediteur den SVS gezeichnet, so ist der Versicherungsschutz ein umfassender. Eine entsprechende Heranziehung des Rechtsgedankens des § 41 c ADSp auf Fälle, in denen die Speditionsversicherung ordnungsmäßig genommen war, aber andere Vertragspflichten des Spediteurs aus dem Speditionsvertrage verletzt wurden, ist nicht möglich, da — wie wir gesehen haben — stets Spezialvor-

---

[92] BGH v. 3. 2. 53 — I ZR 61/52 — VersR 1953/159 (160) = VRS 1953/274 f. = BB 1953/186; BGH v. 17. 4. 51 — I ZR 28/50 — VRS 1951/307 (308); vergl. Schmidt in LM Nr. 1 zu § 41 c ADSp.

[93] es sei denn, daß der Spediteur vorsätzlich handelte — § 276 Abs. 2 BGB.

schriften zu beachten sind, die die Aufrechterhaltung des Versicherungsschutzes gebieten und weiterhin die Bestimmung des § 41 c ADSp selbst eine auf einen konkreten Fall gemünzte Sondervorschrift ist, die nicht auf anders gelagerte Umstände übertragen werden kann. Ein gleiches gilt auch dann, wenn die Speditionsversicherung aus irgendwelchen Gründen nicht in der Lage sein sollte, den Auftraggeber zu entschädigen. Dieser gewiß seltene Fall berührt den Spediteur garnicht, da er bereits haftungsfrei ist.

Man kann daher sagen, daß die Sondervorschrift § 41 c ADSp über ihren begrenzten Anwendungsbereich hinaus überhaupt nicht anwendbar ist.

d) Der Abschnitt 1. befaßte sich mit der ersten grundlegenden Voraussetzung für die Freizeichnung des Spediteurs nach § 41 a ADSp. Mit der Deckung des SVS, die lediglich Zeichnung des SVS bedeutet, erwirbt der Spediteur die Berechtigung, sich auf die ADSp berufen zu können. Bei Nichtzeichnung oder Zeichnung bei anderen als den SVS-Versicherern entfällt diese Möglichkeit. Eine entsprechende Anwendbarkeit des § 41 c ADSp ist nicht möglich.

Soweit der Spediteur aber den SVS ordnungsgemäß bei den vorgeschriebenen Versicherern gezeichnet hat, kann er sich grundsätzlich auf seine Freizeichnung berufen, soweit nicht noch im folgenden eine Einschränkung gemacht werden muß. Die erste Grenze in der Freizeichnung des Spediteurs liegt daher in dem Erfordernis, gemäß § 39 ADSp ordnungsgemäß die Speditionsversicherung gedeckt zu haben.

2. Deckung des Schadens durch die Speditionsversicherung

Wir hatten als erste Voraussetzung für die Haftungsbefreiung des Spediteurs nach § 41 a ADSp die Zeichnung des SVS erkannt und sie auf eine der Vorschrift zu entnehmende Begrenzung der Freizeichnung untersucht. Im folgenden ist die weitere Voraussetzung für die Leistungsfreiheit des Spediteurs nach § 41 a ADSp, die Deckung des Schadens durch die Speditionsversicherung in ähnlicher Hinsicht zu überprüfen. Die Frage lautet also zunächst, was ist unter einem durch die Speditionsversicherung gedeckten Schaden zu verstehen und weiterhin, wie weit reicht mithin die Freizeichnung des Spediteurs.

a) Zunächst zur Klärung des Begriffes „gedeckter Schaden". Dieser in der Versicherungswirtschaft geläufige Begriff bedeutet — siehe ähnliche Begriffe wie Deckungszusage, vorläufige Deckung etc. — die Übernahme des Risikos durch die Speditionsversicherung[94]. Da nun die Versicherer bei der Festlegung der ADSp maßgeblich mitgewirkt haben, kann der Begriff auch für den Bereich der ADSp nur so aufgefaßt werden.

Den Umfang des „gedeckten Schadens" kann nun naturgemäß § 41 a ADSp nicht selbst umreißen. Er begnügt sich mit der Feststellung, daß, soweit der Schaden durch die Speditionsversicherung

---

[94] OGH Wien v. 2. 10. 50 — 1 Ob 473/50 — VersRdsch 1951/37 (39).

gedeckt ist, der Spediteur haftungsfrei sein solle. Inwieweit eine Schadensdeckung durch die Speditionsversicherung erfolgt, ist vielmehr aus den Versicherungsbedingungen des SVS als dem festgelegten Versicherungsvertrag zu entnehmen. Daher finden wir die nähere Erläuterung des „gedeckten Schadens", soweit es den Einzelfall angeht, in den Bedingungen des SVS.

Die Speditionsversicherung deckt den Schaden, indem sie im Umfange des SVS das Risiko der dort bezeichneten Schäden aus Verkehrsverträgen an Stelle des Spediteurs trägt. Nun schränken aber die Bedingungen des SVS die Ersatzpflicht der Speditionsversicherer in gewisser Hinsicht ein. Es ist daher weiterhin zu prüfen, ob insoweit nicht eine Risikotragung der Speditionsversicherer und damit die weitere Voraussetzung des § 41 a ADSp entfällt, so daß der Spediteur persönlich, wenn auch im Rahmen der ADSp, haftet. Vorerst muß jedoch die allgemeine Haftung der Speditionsversicherer nach den SVS-Bedingungen festgestellt werden, um ermessen zu können, inwieweit ein „gedeckter Schaden" überhaupt vorliegt.

aa) Hier gibt uns § 2 SVS zunächst Aufschluß. Diese Vorschrift stellt grundsätzlich jeden Schaden aus einem Verkehrsvertrage, den der Spediteur nach den gesetzlichen Vorschriften zu vertreten und zu ersetzen hätte, unter den Versicherungsschutz der Speditionsversicherung. Der Begriff „Verkehrsvertrag", — eine sprachliche Neuschöpfung aus der Zeit der Schaffung der ADSp in ihrer Urform im Jahre 1927 — ist allerdings nicht ohne weiteres verständlich. Er kann mehr oder weniger ausdehnend ausgelegt werden, so daß es zunächst seiner hinreichenden Klärung für den Bereich der ADSp/SVS bedarf.

Deshalb gibt gerade die Vorschrift des § 2 SVS unter ihrer Ziffer 2 eine beispielhafte[95] Erläuterung, was unter einem Verkehrsvertrage zu verstehen sei. Dazu gehören also im einzelnen Speditions-, Fracht- und Lagerverträge. Doch kommen auch weiterhin Verträge ähnlicher Art in Betracht, die in irgendeiner engeren Beziehung zum Speditionsgewerbe des Spediteurs stehen. Da nun die Aufzählung in § 2 Ziff. 2 SVS bei der Vielfalt der Spediteuraufgaben im Verkehrsleben nicht vollzählig sein kann[96], tauchten in Rechtsprechung und Literatur immer wieder Fragen auf, ob betreffende Verträge als Verkehrsverträge im Sinne des § 2 SVS anzusehen seien und mithin unter Versicherungsschutz stehen.

Hier hilft uns zunächst eine vergleichsweise Heranziehung des § 2 a ADSp weiter, der die Anwendbarkeit der ADSp für Verträge des Spediteurs entsprechend abgrenzt, wie es § 2 SVS für den SVS tut. Denn sind die ADSp unanwendbar, so kommt für das Geschäft auch nicht die Freizeichnungsklausel des § 41 a ADSp zum Tragen und der Versicherungsschutz wird illusorisch[97], da auch der SVS nicht zum Vertragsinhalt wird.

[95] DVZ-Lexikon „Verkehrs- und Rollaufträge" S. 137.
[96] OLG Karlsruhe v. 10. 6. 43 — 3 U 16/43 — DR 1943/1233.
[97] DVZ-Lexikon „ADSp und SVS" S. 100.

Die ADSp sind nach § 2a ADSp auf alle Verrichtungen des Spediteurs, gleichgültig, ob sie Speditions-, Fracht-, Lager- oder Kommissionsverträge oder sonstige mit dem Speditseurgewerbe zusammenhängende Geschäfte betreffen, anzuwenden[98].

Andererseits erlangt nur jeder Verkehrsvertrag nach § 2 SVS Versicherungsschutz nach dem SVS.

Aus den Erläuterungen des SVS, die nur Speditions-, Fracht- und Lagerverträge sowie die üblichen Nebenaufträge erwähnen, zieht Krien in seinem Kommentar[99] den Schluß, daß der Umfang der Vorschrift des § 2a ADSp weitergehe als der des § 2 SVS und demgemäß nicht alle unter die ADSp fallenden Geschäfte des Spediteurs unter Versicherungsschutz gelangen könnten[100], wie z. B. das Kommissionsgeschäft, woraus wieder zu folgern sei, daß der Spediteur für Schadensersatzansprüche aus diesen Geschäften nicht gemäß § 41a ADSp von seiner Haftung befreit werde, sondern persönlich hafte.

Im DVZ-Lexikon[101], dessen Mitverfasser er ist, gibt er allerdings diese Ansicht auf. Hier wird der Umfang beider Vorschriften gleichgesetzt. Verkehrsverträge sind daher die gleichen Geschäfte, die nach § 2a ADSp unter die ADSp fallen.

Allein letztere Ansicht wird den Erfordernissen des Verkehrs und der Rechtssicherheit gerecht.

Schon der Inhalt beider Vorschriften ist gleichbedeutend. Es wäre ratsam gewesen, statt der ungeschickten Fassung[102] des § 2 Ziff. 2 SVS einen Hinweis auf § 2a ADSp in diese Vorschrift aufzunehmen. Allein auch ohnehin liegt Übereinstimmung vor.

§ 2a ADSp erfaßt alle Verrichtungen des Spediteurs, die irgendwie mit dem Speditionsgewerbe zusammenhängen[103]. Er setzt voraus, daß diese Geschäfte von einem Spediteur vorgenommen werden. Dabei kann es nicht darauf ankommen, ob das Speditionsgewerbe das Hauptgewerbe des Spediteurs ist oder ob das einzelne Geschäft Hauptgeschäft oder die Spediteurtätigkeit nur eine Nebenfolge ist, wenn nur der Zusammenhang mit dem eigentlichen Spediteurgewerbe gewahrt ist[104]. Dies würde z. B. dann nicht gegeben sein, wenn der Spediteur, der auch eine Gastwirtschaft betreibt[105], auch für diese Verträge die ADSp zur Grundlage nehmen wollte. Aber auch dann ist der Zusammenhang mit dem eigentlichen Spediteurgewerbe nach § 2a ADSp nicht gewahrt, wenn der Spediteur in einem von seinem Speditionsunternehmen völlig getrennten Betrieb z. B. die selbstän-

---

[98] LG Bremen v. 5. 1. 50 — 1 O 236/49; LG Düsseldorf v. 14. 4. 50 — 5 O 383/49.

[99] Krien ADSp § 2 SVS Anm. 3.

[100] LG Hamburg v. 7. 5. 29 — H Bf X 87/29 — HRGZ (so für Kommission) 1929 B Sp. 535 (537).

[101] DVZ-Lexikon „Verkehrs- und Rollaufträge" S. 137.

[102] DVZ 1948 Nr. 24 S. 4 „Spediteurhaftung und ADSp/SVS".

[103] LG Bremen v. 5. 1. 50 — 1 O 236/49.

[104] Düringer-Hachenburg-Lehmann Vorbem. § 407 HGB Anm. 16; Krien § 2 ADSp.

[105] Beispiel bei Krien § 2 ADSp.

dige Vermittlung von Versicherungen betreibt, ohne dabei als Spediteur und ohne Hinweis auf sein Speditionsgewerbe tätig zu werden[106].

Geht also aus der Tätigkeit des Spediteurs nicht hervor, daß er seine Geschäfte als Spediteur abschließen will, so muß man diese als außerhalb der ADSp liegend ansehen. Doch dies ist bereits eine Frage der Anwendbarkeit der ADSp auf Grund vertraglicher Vereinbarung überhaupt. Hier würde man schon sagen können, daß die ADSp erst garnicht zum Vertragsinhalt gemacht worden sind[107].

Ist aber der Spediteur berechtigt, die ADSp gemäß § 2a ADSp seinen Geschäften zu Grunde zu legen, so kommt auch der SVS zum Zuge. Man würde sonst vom Spediteur verlangen, daß er den einzelnen Vertrag zur Speditionsversicherung anzumelden und die Prämie abzuführen hätte, — denn der Spediteur kann nicht, zumal es auf sein Risiko gehen würde, prüfen, ob dieser Vertrag nun ein Verkehrsvertrag im Sinne des § 2 SVS ist — ohne daß der Auftraggeber tatsächlich jemals Versicherungsschutz erlangt. Hat aber der Kunde den Versicherungsschutz nicht verboten, so muß die Prämie für den abgeschlossenen Vertrag abgeführt werden. Würde man nun einige Geschäfte zwar unter die ADSp, nicht aber unter den SVS fallen lassen, so könnte die Versicherung für diese Geschäfte keine Prämie verlangen, da sie ja auch keine Gegenleistung erbringen würde. Dies würde zu einer unerfreulichen Rechtsunsicherheit führen. Es würde dies wohl dem Falle ähnlich sein, in dem der Auftraggeber den Versicherungsschutz verbietet. Eine solche entsprechende Regelung ist aber im SVS nicht vorgesehen. Dies läßt deutlich erkennen, daß bei der Schaffung des SVS von einer Differenz zwischen dem Umfang des § 2a ADSp und dem des § 2 SVS nicht ausgegangen, vielmehr Übereinstimmung vorausgesetzt wurde.

Wollte man andererseits auf Geschäfte die ADSp anwenden, ohne daß die Möglichkeit eines SVS-Versicherungsschutzes besteht, so würde die innere Rechtfertigung der Haftungserleichterungen des Spediteurs nach den ADSp, nämlich gerade die Ermöglichung einer vollen Haftungserlangung durch den Versicherungsschutz, entfallen.

Gerade die Aufzählung in § 2 SVS, die Krien zu seiner ursprünglich anderen Auffassung gelangen ließ, ist jedoch nicht vollständig[108]. Sie nennt nur die hauptsächlichsten Geschäfte des Spediteurs und erwähnt die damit im Zusammenhang stehenden Nebenaufträge. Letztere Unterscheidung wurde in den ADSp nicht getroffen. Sie ist auch für unsere Frage von keiner Bedeutung, denn hier werden ausdrücklich Vertragsbestandteile, die zur üblichen Spediteurtätigkeit gehören, ebenfalls unter Versicherungsschutz gestellt. Das versteht sich aber

---

[106] OLG Hamburg v. 2. 5. 30 — VII 546/29 — HRR 1930/1490.

[107] Vgl. BGH insbes. v. 3. 2. 53 — I ZR 61/52 — mit Bedenken v. Schmid-Lossberg DVZ 1953 Nr. 72 S. 1.

[108] OLG Hamburg v. 3. 6. 49 — 1 U 351/48 — VRS 1949/311 (315) = BB 1950/203 f.

von selbst. Der Hauptzweck dieser Aufzählung ist auch ein anderer.

Der der Vorschrift zu Grunde liegende Gedanke läßt aber erkennen, worum es im SVS geht: Der Auftraggeber soll für das Verkehrsgeschäft, das er mit dem Spediteur abschließt, insgesamt Versicherungsschutz erlangen. Dieser Versicherungsschutz soll nicht davon abhängig gemacht werden, wie weit das betreffende Geschäft bzw. Nebengeschäft als reines Speditionsgeschäft usw. anzusehen ist. Das entscheidende Kriterium ist vielmehr der Zusammenhang mit der Spediteurtätigkeit, auf die ja § 2a ADSp abstellt. Nichts anderes besagt das Wort Verkehrsvertrag. Eine Beschränkung auf reine Speditions-, Fracht- und Lagerverträge — dieses mögen die hauptsächlichsten Tätigkeiten des Spediteurs sein — bedeutet es nicht[109]. Der Begriff Verkehrsvertrag umfaßt alle Geschäfte des Spediteurs, soweit sie mit dem Verkehr und seinem Speditionsgewerbe zusammenhängen. Daher decken sich die Vorschriften § 2a ADSp und § 2 SVS inhaltlich[110].

Dennoch können die ADSp/SVS nicht auf jegliche Geschäfte des Spediteurs angewendet werden. Die Grenze ist für die ADSp und den SVS gemeinsam zu ziehen. Sie liegt dort, wo eine handelsübliche Spediteurtätigkeit aufhört, wo also ein Verkehrsgeschäft nicht mehr vorliegt. Privatgeschäfte des Spediteurs scheiden daher aus. Hier läßt sich jedoch die Vermutung des § 344 Abs. 1 HGB, der die Annahme eines Handelsgeschäftes unterstellt, heranziehen. Aber auch Miet- und Dienstverschaffungs- bzw. Lohnfuhrverträge des Spediteurs kann man nicht zu den Verkehrsgeschäften rechnen[111]. Gegenstand des Vertrages ist hier nicht mehr das zu bewegende bzw. zu lagernde Gut, über welches der Spediteur in diesen Fällen keinerlei Obhutspflichten übernimmt, sondern lediglich die Räumlichkeit, der zu stellende Wagen bzw. Kutscher. Diese vertraglichen Pflichten des Spediteurs stehen nicht mehr in dem erforderlichen Zusammenhang mit der eigentlichen Spediteurtätigkeit, dem Güterumschlag. Daher ist hier für die Anwendung der ADSp/SVS kein Raum[112]. Doch ist die Abgrenzung zum Verkehrsgeschäft im Einzelfall schwierig. Die Verwandtschaft des Miet- bzw. Dienstverschaffungsvertrages zum Lagervertrag bzw. Frachtgeschäft ist nicht zu übersehen. Übernimmt der Spediteur Pflichten hinsichtlich des Gutes, so liegt wohl ein Lager- bzw. Transportgeschäft vor mit der Maßgabe, daß die ADSp/SVS anwendbar sind[113]. Eine Klassifizierung kann aber nur für den Einzelfall getroffen werden. Wesentlich ist hier die Obhutspflicht des

---

[109] so wohl auch OLG Hamburg v. 24. 3. 36 — 3 U 352/35 — HRGZ 1936 A 227 (231).

[110] Isaac §§ 40—43 ADSp, § 2 SVS Anm. 4a, siehe auch Eichhorn S. 131.

[111] DVZ-Lexikon „Miete von Lagerraum" S. 122; Krien ADSp § 2 SVS Anm. 3; A.A. ohne Begründung OLG Karlsruhe v. 10. 6. 43 — 3 U 16/43 — DR 1943/1233; siehe auch Baumbach-Duden Anh. § 415 HGB Anm. zu § 2 SVS.

[112] wie [111].

[113] DVZ-Lexikon „Miete von Lagerraum" S. 122.

Spediteurs. Im Zweifel dürfte dann ein Lager- bzw. ein Frachtgeschäft, also ein Verkehrsvertrag vorliegen[114].

Andererseits können sehr wohl auch Geschäftsbesorgungsverträge, die auch u. a. eine Spediteurtätigkeit wie Lagerei zum Nebeninhalt haben, Geschäfte nach den ADSp/SVS sein, so auch bei einem sonst speditionsfremden Treuhand- und Finanzierungsgeschäft, wenn nur die Lagerung ein so wesentlicher Bestandteil des Geschäftes ist, daß sie im Vordergrund der Interessen der Vertragsparteien steht[115]. Ein solches Geschäft fällt dann unter die Zuständigkeit der ADSp/SVS. — Insoweit unübliche Abreden dabei getroffen werden, so schließt freilich § 5 Ziff. 2 SVS die Haftpflicht der Speditionsversicherer aus. — Aber auch Gefälligkeitsgeschäfte, wie sie täglich vorkommen können, unterliegen den ADSp/SVS[116]. Es kommt auch hier nur darauf an, ob im Einzelfall ein Verkehrsgeschäft — also ein Vertrag, der sich irgendwie auf den Güterumschlag bezieht —, vorliegt. Wird der Spediteur tätig, so will er es auch nur im Rahmen seiner üblichen Geschäftsbedingungen. Niemand kann von ihm dann mehr Sorgfalt als die handelsübliche, in den ADSp geforderte, verlangen. Eine erhöhte Haftung für solche Geschäfte ist dem Spediteur nicht zuzumuten[117], denn wer aus Gefälligkeit tätig wird, will und kann nicht einer strengeren Haftung unterliegen, als derjenige, der sich entgeltlich zur Tätigkeit verpflichtet hat [118]. Damit kann die Annahme eines Verkehrsgeschäftes nicht abhängig von der Entgeltlichkeit sein. Grundsätzlich arbeitet der Kaufmann zwar nur gegen Entgelt, wie schon § 354 Abs. 1 HGB herausstellt. Aber auch der Kaufmann kann einmal, zumal wenn es sich um kleinere Handlungen ohne große Unkosten handelt, auf das Entgelt verzichten. Dennoch bleibt das betreffende Geschäft ein Verkehrsgeschäft. Entgeltlichkeit oder Unentgeltlichkeit sind für die Anwendbarkeit der ADSp/SVS belanglos. Auch für die Handelsüblichkeit kommt es nicht, wie das OLG Hamburg meint[119], auf die Entgeltlichkeit, also die Gegenleistung an, sondern nur auf die Leistung des Spediteurs allein. Ist dessen Tätigkeit handelsüblich, so liegt ein Verkehrsgeschäft nach den ADSp/SVS vor.

Auch der Einwand, daß der Spediteur dieses Gefälligkeitsgeschäft u. U. nicht bei den Speditionsversicherern anmelden würde, kann nicht überzeugen, denn auf die Anmeldung bzw. auf die Prämienabführung kommt es, wie wir gesehen haben, nicht an — § 6B

---

[114] Krien DVZ 1950 Nr. 61 S. 6; DVZ 1950 Nr. 103/104 S. 8 „Speditionsfälle in der Rechtsprechung".

[115] LG Düsseldorf v. 14. 4. 50 — 5 O 383/49 —; siehe auch DVZ 1951 Nr. 38 S. 4 „Nebenaufträge des Spediteurs und Lagerhalters".

[116] Landauer DVZ 1950 Nr. 61 S. 6.

[117] Schmid-Lossberg DVZ 1949 Nr. 28 S. 4; ders. DVZ 1949 Nr. 69 S. 4.

[118] Palandt-Danckelmann § 254 BGB Anm. 6.

[119] OLG Hamburg v. 3. 6. 49 — 1 U 351/48 — VRS 1949/311 ff. = BB 1950/203 f.

Ziff. 2d SVS —. Daher fallen auch Gefälligkeitsgeschäfte unter die ADSp/SVS.

Wir haben als Ergebnis erhalten, daß jedes Geschäft des Spediteurs, das in irgendeinem näheren Zusammenhang mit dem Speditionsgewerbe steht, unter den Bereich der ADSp nach § 2a ADSp fällt und weiter festgestellt, daß jedes Geschäft, das somit den ADSp unterliegt, auch Versicherungsschutz nach dem SVS genießt. Der Begriff Verkehrsgeschäft deckt sich also mit der Spediteurtätigkeit nach den ADSp.

Auch Nebenaufträge stehen gemäß § 2 Ziff. 2 SVS unter Versicherungsschutz. Diese gesondert erwähnten Nebengeschäfte setzen logischerweise einen Hauptauftrag voraus, mit dem sie zu einer rechtlichen Einheit verbunden und gemäß § 2 SVS gemeinsam unter Versicherungsschutz gestellt sind.

Es ist nun aber nicht so, wie das OLG Hamburg[120] einmal annahm, daß ein Auftrag, der seiner äußeren Erscheinung nach nur nebensächlichen Charakter bei Vorliegen eines Hauptvertrages hat, mangels eines solchen Hauptvertrages nicht unter § 2 SVS fallen könnte. Bei der Vielfalt der Spediteuraufgaben können diese gerade darin bestehen, daß der Spediteur nur einen der in § 2 Ziff. 2 SVS als Nebenauftrag bezeichneten Aufträge erhält wie z. B. Muster zu ziehen[121] oder auf einem Unterwegsbahnhof von den zur Verfügung des Empfängers gestellten Waren, die im Auftrag des Verkäufers von der Fabrik direkt zum Versand gebracht wurden, die Absenderaufschriften zu entfernen hat, um dem Kunden nicht die Einkaufsquelle des Auftraggebers zu verraten usw.; so beschränkt sich die Spediteurtätigkeit oft gerade auf solche Nebenaufträge. Das OLG Hamburg hat daraus den Schluß gezogen, daß auf diesen Nebenauftrag ohne einen Hauptauftrag die ADSp und der SVS nicht anwendbar seien.

Dies ist jedoch nicht zutreffend, denn man kann diesen Tätigkeiten, die ja doch auch vom Spediteur vertraglich als Hauptpflichten übernommen werden können, nicht die Eigenschaft als Verkehrsvertrag absprechen mit der Folge, daß der Auftraggeber keinen Versicherungsschutz erlangen könnte. Es besteht kein Bedürfnis, hier eine Ausnahme annehmen zu müssen. Dies ergibt sich wiederum aus der Übereinstimmung des § 2a ADSp mit § 2 SVS, denn bei der Anwendbarkeit der ADSp fallen solche Tätigkeiten des Spediteurs auch unter die Regelung des SVS[122]. Daher kann eine übliche Nebentätigkeit des Spediteurs auch einmal als selbständiger Hauptvertrag anzusehen sein und als solcher SVS-Versicherungsschutz genießen[123]. Nebenabreden sind daher nur unselbständige Bestandteile eines Hauptvertrages, die, was § 2 Ziff. 2 SVS lediglich verdeutlichen will,

---

120 OLG Hamburg v. 3. 6. 49 — 1 U 351/48 — VRS 1949/311 = BB 1950/203.

121 DVZ-Lexikon „Musterziehen" S. 123.

122 DVZ-Lexikon „Verkehrs- und Rollaufträge" S. 137.

123 DVZ-Lexikon „Nebengeschäfte" S. 124; Isaac §§ 40—43 ADSp § 2 SVS Anm. 4a; Krien ADSp § 2 SVS Anm. 4.

der gleichen Regelung wie der Hauptvertrag unterworfen werden sollen. Da Nebengeschäfte aber als Vertragsbestandteile des Hauptgeschäftes sowieso unter Versicherungsschutz fallen, andererseits sie, wenn sie selbständig übernommen werden, als Verkehrsgeschäfte auch Versicherungsschutz genießen, hat die Aufzählung der Nebengeschäfte im Hinblick auf § 2a ADSp keine Bedeutung.

Diese besteht jedoch insoweit, als § 2 Ziff. 2 SVS eine Voraussetzung an die Gewährung des Versicherungsschutzes knüpft. Es ist dies die Üblichkeit des Nebengeschäftes. Diese Begrenzung stimmt im Grundgedanken mit der Haftungseinschränkung der Speditionsversicherer in § 5 Ziff. 2 SVS, in der für nicht übliche Abreden kein Versicherungsschutz gewährt wird, überein. Insoweit ist die Aufzählung bedeutsam, als sie gerade Beispiele für übliche Nebenaufträge gibt. Doch auch hier besteht Übereinstimmung zu § 2a ADSp, als er das Geschäft als Ganzes erfaßt. Einzelne Abreden des Vertrages können dann freilich nach § 5 Ziff. 2 SVS von der Speditionsversicherung ausgeschlossen sein.

Ein nicht üblicher Nebenauftrag kann daher auch nicht vom Spediteur selbständig übernommen werden mit der Maßgabe, ihn den Bestimmungen der ADSp/SVS zu unterwerfen. Denn allein dastehend, verliert der „nicht übliche Nebenauftrag" seinen inneren Zusammenhang mit dem Speditionsgewerbe vollends, so daß schon aus diesem Grunde die ADSp nicht anwendbar sind. Unter die ADSp fallen auch nur die mit dem Speditionsgewerbe zusammenhängenden Geschäfte, soweit sie sich im handelsüblichen Rahmen halten[124]. Schließt der Spediteur also einen den Rahmen seiner gesetzlichen Haftung übersteigenden Vertrag, wie z. B. einen Garantievertrag, so verzichtet er damit nach § 51c ADSp auf die Einschränkung seiner Haftung, die mit dem Wesen solcher Verpflichtungen auch nicht vereinbar wäre. Insoweit sind also weder ADSp noch SVS anzuwenden[125]. Ebenso liegt es, wenn der Spediteur ein abstraktes Schuldversprechen abgibt[126]. Eine Berufung auf die ADSp/SVS wäre auch hier vertragswidrig. Auch Verträge aus einem gleichzeitig vom Spediteur betriebenen speditionsfremden Gewerbe wären im Sinne der ADSp/SVS als handelsunüblich anzusehen. Beide Vorschriften, § 2a ADSp und § 2 SVS haben also das „handelsüblich" als Voraussetzung für ihre Anwendbarkeit gemeinsam, so daß auch insoweit Übereinstimmung herrscht.

Die Bedeutung der gesonderten Aufzählung der üblichen Nebenaufträge in § 2 SVS erschöpft sich also, wie wir festgestellt haben, in der Beschränkung der in den Hauptvertrag einzubeziehenden Nebengeschäfte. Im Einzelfall kann es einmal streitig sein, ob ein solcher üblicher Nebenauftrag vorliegt. Dies wird von den örtlichen Gepflogenheiten abhängen und ist eine Frage der Tatsachenfeststellung.

---

[124] DVZ-Lexikon „Nebengeschäfte" S. 124; Krien ADSp § 2 SVS Anm. 4.
[125] DVZ-Lexikon „Vereinbarung einer Haftung über die ADSp hinaus" S. 136.
[126] LG Hamburg v. 16. 11. 50 — 25 O 154/50.

Eine Benachrichtigungspflicht, wie die Mitteilung von der Ankunft des Gutes am Orte, gehört jedenfalls zu den üblichen Nebenabreden[127], die vom Spediteur auch als selbständige Verkehrsverträge übernommen werden können und die daher unter den Versicherungsschutz des SVS fallen.

Nebenaufträge, die eine außerhalb des Verkehrsvertrages stehende Person erteilt, können nur als selbständige Verkehrsverträge Versicherungsschutz genießen. Anderenfalls sind ADSp und SVS nicht anwendbar, zumindest dürfte aber eine unübliche Abrede im Sinne des § 5 Ziff. 2 SVS vorliegen, so daß eine Haftpflicht der Speditionsversicherer jedenfalls entfiele[128].

Allgemeinhin werden Nebenaufträge mit ihrer vertraglichen Vereinbarung unlösbare Bestandteile des Hauptvertrages[129]. Schäden aus solchen Nebenaufträgen sind daher auch Vertragsschäden und können wie sonstige Vertragsschäden einheitlich behandelt werden.

Die allgemeine Haftpflicht der Speditionsversicherer umfaßt nach § 2 SVS zunächst alle Schäden des Versicherten, welche auf Grund des Verkehrsvertrages der Spediteur zu vertreten und zu ersetzen hätte. Diese Schäden können mannigfaltigster Art sein.

Die Fassung des § 2 SVS: „alle Schäden, wegen welcher der Spediteur gesetzlich in Anspruch genommen werden kann und auch in Anspruch genommen wird", besagt deutlich folgendes: Hätte der Spediteur unter Zugrundelegung seiner (an sich nach § 41 a ADSp wegbedungenen) gesetzlichen Haftung dem Auftraggeber für einen Schaden aufzukommen, so treten gemäß § 2 SVS die Speditionsversicherer an seine Stelle. Man wird daher, wenn man feststellen will, ob ein Schaden gemäß SVS unter Versicherungsschutz steht, die gesetzliche Haftungsregelung für den Spediteur prüfen müssen. Insoweit wollen die Speditionsversicherer nach § 3 Ziff. 1 SVS die Haftung des Spediteurs übernehmen. Jeder Schaden eines Versicherten, der soweit unter die Haftung des Spediteurs fiele, ist also durch die Speditionsversicherung gedeckt.

Unter Schäden aus Verkehrsverträgen sind daher alle Schäden aus der Verletzung vertraglicher Pflichten zu verstehen, auch solche aus positiver Vertragsverletzung[130] und Verzugsschäden[131], die geradezu typische Spediteurfehler sind. Hierher gehört auch die entgegen ausdrücklicher schriftlicher Weisung unterlassene Besorgung von Versicherungsschutz für das Gut bei Transportversicherungen usw., wie sich schon aus § 2 Ziff. 2 SVS ergibt, denn es liegt eben-

---

[127] OLG Düsseldorf v. 22. 10. 52 — 7 U 253/51; LG Braunschweig v. 27. 3. 51 — 8 S 654/50.

[128] LG Hamburg v. 29. 10. 52 — 29 O 38/52.

[129] SVS-Schiedsgericht Essen v. 4. 8. 50 i. S. Kilp gegen Speditionsvers.

[130] LG Lübeck v. 1. 6. 48 — 5 S 1/48.

[131] LG Hamburg v. 21. 6. 51 — 28 O 97/51; SVS-Schiedsgericht Hamburg v. 1. 3. 51 i. S. Hertling gegen Speditionsvers.; Krien VRS 1951/316; A.A. ohne Grund LG Berlin v. 31. 3. 50 — 11 O 294/49.

falls ein Verstoß gegen vertragliche Pflichten des Spediteurs vor[132]. Allerdings muß es sich in letzterem Falle um ein überhaupt versicherbares Risiko gehandelt haben, da sonst der Spediteur auch gesetzlich nicht haftbar zu machen gewesen wäre, da die Unterlassung der Versicherungsbesorgung anderenfalls nicht kausal für den entstandenen Schaden ist[133].

Auch die Verletzung von Aufklärungspflichten auf Grund Vertrages durch den Spediteur, die dem Auftraggeber Schaden verursacht, ist ein gedeckter Schaden, denn ist die Aufklärungspflicht Vertragspflicht, so fällt ein Schaden aus ihrer Verletzung unter Versicherungsschutz, da die Speditionsversicherung gemäß § 2 Ziff. 2 SVS alle Verpflichtungen des Spediteurs aus Verkehrsverträgen erfaßt[134]. Daher kann, abgesehen von einer vorsätzlichen Schädigung durch den Spediteur (§ 276 Abs. 2 BGB!), dieser bei Verletzung von Vertragspflichten grundsätzlich nicht persönlich haftbar werden, wie irrig einige Gerichte annehmen[135].

Hier ist nun besonders streitig, inwieweit überhaupt eine Aufklärungspflicht seitens des Spediteurs besteht und wieweit für deren schuldhafte Verletzung die Speditionsversicherer dann einzutreten haben. Hierbei ist vor allem die Frage behandelt worden, wieweit eine vertragliche Aufklärungspflicht hinsichtlich der Haftungsverhältnisse des Spediteurs und des Eintretens der Speditionsversicherer gegeben ist und weiterhin, ob und wann der Spediteur den Auftraggeber auf die Zweckmäßigkeit oder Erforderlichkeit eines Transportversicherungsschutzes hinzuweisen hat.

So wird in einigen Entscheidungen[136] vom Spediteur verlangt, daß er ohne weiteres seinen Auftraggeber über seine Geschäftsbedingungen nebst Freizeichnungen und Haftungsbeschränkungen und über den Abschluß der Speditionsversicherung aufzuklären, sowie ihn im Schadensfalle über die Wahrnehmung seiner Rechte zu belehren habe.

Eine solche, weitgehende Aufklärungspflicht besteht nach den ADSp nicht[137]. Mutet man dem Auftraggeber zu, sich sogar stillschweigend den Bedingungen der ADSp zu unterwerfen, sofern man

---

132 DVZ-Lexikon „Transportversicherung" S. 132; Krien ADSp § 5 SVS Anm. 7d II C; Schmidt VersR 1952/165; unrichtig OLG Nürnberg v. 8. 1. 52 — 3 U 264/50 — VersR 1952/164.

133 Schmidt VersR 1952/165.

134 BGH v. 17. 4. 51 — I ZR 28/50 — Bd. 2/1 (3/4) = VRS 1951/307 f. = MDR 1951/416 f. = BB 1951/457 f. = NJW 1951/653 f.; OLG Düsseldorf v. 22. 10. 52 — 7 U 253/51.

135 OLG Düsseldorf v. 21. 12. 49 — 7 U 96/49 — VRS 1950/432; OLG Frankfurt/M. v. 6. 11. 51 — 5 U 118/51.

136 OLG Düsseldorf v. 21. 12. 49 — 7 U 96/49 — VRS 1950/432; OLG Hamburg v. 7. 12. 37 — 4 U 325/37 — JW 1938/876; OLG Hamburg v. 7. 1. 49 — 1 U 301/48 — VRS 1951/302; KG v. 6. 6. 51 — 2 U 188/51.

137 LG Wiesbaden v. 26. 7. 47 — 3 S 25/46 — siehe DVZ 1947 Nr. 18 S. 6; Gessler-Hefermehl § 407 HGB Anm. 11 e; Mälzig NJW 1954/605.

ihm nur eine Kenntnis dieser Bedingungen zutrauen konnte[138], so muß man auch eine Kenntnis der Einzelheiten der Bedingungen unterstellen, zumindest aber vom Auftraggeber verlangen können, daß er sich erkundigt[139]. Es ist Sache des Auftraggebers, sich über seine Obliegenheiten zu informieren[140]. Es wäre eine Überspannung der Sorgfaltspflicht des Spediteurs, von ihm zu verlangen, jedem Kunden ungefragt die Haftungsregelung in den ADSp zu erklären. Eine solche Aufklärung wäre auch praktisch gar nicht möglich, da sie die Abfertigung der Kundschaft untragbar in die Länge ziehen würde. Grundsätzlich ist daher der Spediteur nicht verpflichtet, ungefragt Auskünfte über die Haftungslage usw. nach den ADSp / SVS zu erteilen[141]. Dieses gilt Kaufleuten gegenüber uneingeschränkt. Treu und Glauben können ausnahmsweise gegenüber einem Nichtkaufmann ohne ausdrückliche Befragung eine Aufklärung erfordern, wenn es dem Spediteur offenkundig ist, daß der Auftraggeber dem Wirtschaftsleben völlig fremd gegenübersteht und sich nicht zu helfen weiß, sofern in diesem Falle die ADSp überhaupt zum Vertragsinhalt wurden[142]. Dieses wäre aber ein ganz großer Ausnahmefall, denn seit der Allgemeinverbindlichkeitserklärung der ADSp vom 29. 12. 1939 durch den Reichsverkehrsminister und deren Bekanntmachung im Reichsanzeiger 1940, Nr. 4 und 9, muß vorausgesetzt werden, daß die ADSp allgemein bekannt sind[143].

Grundsatz bleibt daher, daß der Spediteur ungefragt nicht zur Auskunft über die Haftungsverhältnisse verpflichtet ist.

Selbstverständlich hat aber der Spediteur auf Befragen dem Auftraggeber nach bestem Wissen Auskunft zu geben. Dabei kann man es dem Spediteur aber nicht zumuten, erschöpfende Rechtsauskünfte zu erteilen[144], jedoch wird er auf Befragen zumindest auf seine Leistungsfreiheit hinsichtlich von Schadensersatzansprüchen sowie das Eintreten der Speditionsversicherer an seiner Stelle hinweisen müssen.

Die Aufklärungspflicht des Spediteurs über seine Leistungsfreiheit sowie den Bestand und den Umfang der Speditionsversicherung hat hauptsächlich eine Rolle bei einer durch die Unkenntnis

---

[138] BHG v. 3. 2. 53 — I ZR 61/52 — NJW 1953/541 = BB 1953/186 = VRS 1953/278 = VersR 1953/159; Baumbach-Duden Anh. nach § 346 HGB Anm. 2.

[139] Benkard BB 1953/784; Krien VRS 1951/305 (306); Renker S. 25.

[140] OLG Oldenburg v. 29. 9. 50 — 1 U 119/50; OLG Königsberg v. 8. 10. 29 — 2 U 184/29— JW 1930/1983 (1984); LG Hamburg v. 8. 4. 53 — 61 O 10/53 — VersR 1953/241; LG Wiesbaden v. 26. 7. 47 — 3 S 25/46 — siehe DVZ 1947 Nr. 18 S. 6; SVS-Schiedsgericht Berlin v. 31. 1. 52 in Sachen Iduna-Germania gegen Speditionsv.; Geßler-Hefermehl § 407 HGB Anm. 11 e; Krien ADSp § 10 SVS Anm. 1 c.

[141] so für die entspr. Frage in der KVO: BGH v. 19. 1. 51 — I ZR 53/50 — VRS 1951/156 (160); Mälzig NJW 1954/605.

[142] siehe hierzu Benkard BB 1953/783 f.

[143] OLG Köln v. 27. 5. 52 — 4 W 102/52; erwähnt bei Schmid-Loßberg DVZ 1953 Nr. 72 S. 1; so auch OLG Saarbrücken v. 22. 7. 53 — 3 U 10/53 — NJW 1953/1832 (1833).

des Auftraggebers von den ADSp bedingten fehlerhaften Geltendmachung von Schadensersatzansprüchen in der Rechtsprechung gespielt[145]. Bei einem aus einer solchen schuldhaften Verletzung der Aufklärungspflicht entstandenen Schaden wird es sich vor allem um die Kosten zur Einleitung und Durchführung vergeblicher Prozesse handeln, die der Auftraggeber infolge falscher oder unterlassener Auskünfte des Spediteurs gegen unrichtige Beklagte führen mußte.

Es kommen hier Prozesse in Betracht, die der Auftraggeber gegen den Spediteur trotz dessen Leistungsfreiheit nach § 41 a ADSp führte sowie Prozesse gegen Dritte, auf die der Spediteur den Auftraggeber schuldhaft verwiesen hat, indem er z. B. dem Auftraggeber seinen ihm angeblich gegen den Dritten zustehenden Anspruch nach § 52 a ADSp abtritt, obwohl der Schaden in seinen Bereich und damit unter die Speditionsversicherung fällt.

Hier wird man einen Schaden des Auftraggebers nicht in Abrede stellen können, denn die Verauslagung von Prozeßkosten bzw. eine kostenpflichtige Abweisung der Klage zu Lasten des Auftraggebers haben zu einer Einbuße in seinem Vermögen geführt.

Um nun feststellen zu können, ob es sich hierbei um vom SVS gedeckte Schäden handelt, muß der rechtliche Charakter dieser Erstattungsansprüche gegen den Spediteur geprüft werden, denn nach dem SVS sind nur solche Schäden gedeckt, die auf Grund Verkehrsvertrages entstanden sind.

Wir hatten festgestellt, daß die Aufklärungspflicht des Spediteurs, äußerst eingeschränkt, nur auf Befragen entsteht. Aber auch durch Inanspruchnahme, vor allem im Prozeß, ergibt sich für den Spediteur die Verpflichtung, den Auftraggeber rechtzeitig auf seine Leistungsfreiheit und die Haftung der Versicherer hinzuweisen[146], um dem Auftraggeber unnötige Kosten zu ersparen.

Im letzteren Falle, also wenn der Spediteur selbst belangt wird und die Voraussetzungen seiner Haftungsfreiheit nach § 41 a ADSp vorliegen, mithin seine Passivlegitimation für diesen Prozeß nicht besteht, muß die Klage des Auftraggebers gegen den Spediteur abgewiesen werden. Die Folge ist, daß der Auftraggeber als unterliegende Partei nach § 91 ZPO auch in die gesamten Kosten verurteilt wird. Diese kann er freilich nicht ersetzt verlangen, wenn den Spediteur an der Durchführung des Prozesses kein Verschulden trifft und er den Einwand der mangelnden Passivlegitimation (— § 41 a ADSp —) rechtzeitig erhoben hat[147], denn es ist Sache des Klägers, sich vor Erhebung der Klage über die zu Grunde liegenden

---

[144] DVZ-Lexikon „Auskunftspflicht des Spediteurs in Schadensfällen" S. 103; Krien VRS 1951/305 (306); Schmid-Lossberg DVZ 1948 Nr. 54 S. 6.

[145] OLG Düsseldorf v. 21. 12. 49 — 7 U 96/49 — VRS 1950/432 = VersR 1950/118; OLG Hamburg v. 7. 1. 49 — 1 U 301/48 — VRS 1951/302; KG v. 6. 6. 51 — 2 U 188/51 —; LG Wuppertal v. 26. 10. 50 — 9 S 258/50 —; usw.

[146] Storke DVZ 1950 Nr. 100 S. 7.

[147] DVZ-Lexikon „Kosten des Rechtsstreites" S. 119.

Vorschriften zu informieren[148]. Hat aber der Spediteur den Prozeß verschuldet, indem er sich zunächst auf ihn einließ, ohne auf seine Freizeichnung hinzuweisen, so trifft ihn insoweit eine zivilrechtliche Erstattungspflicht gegenüber dem Auftraggeber für alle Kosten, die mit der Einleitung und Durchführung des Verfahrens verbunden waren[149].

Hat sich der Spediteur verspätet im Prozeß auf § 41 a ADSp und seine mangelnde Haftung berufen, worauf die Parteien erst dann den Rechtsstreit in der Hauptsache für erledigt erklären konnten, so kann das Gericht die Kosten gemäß § 91 a ZPO nach billigem Ermessen verteilen. Legt das Gericht die Kosten dem Spediteur auf, so muß er dem Auftraggeber seine Unkosten erstatten.

Bringt der Spediteur den Einwand aus § 41 a ADSp erst in der Berufungsinstanz vor, obwohl er ihn vernünftigerweise schon früher vorzubringen gehabt hätte[150], so hat das Gericht nach § 97 Abs. 2 ZPO ihm die Kosten der Instanz aufzuerlegen.

Alle Fälle haben es gemeinsam, daß bereits ein Verfahren zur Durchsetzung von Schadensersatzansprüchen gegen den Spediteur eingeleitet worden war. Hierdurch wurde zwischen den Parteien ein besonderes Prozeßrechtsverhältnis begründet[151]. Hierauf beruht daher letzten Endes die Aufklärungspflicht des Spediteurs im Prozeß, deren Verletzung oft schon eine direkte Kostenbelastung für den Spediteur nach §§ 91 a und 97 Abs. 2 ZPO mit sich bringt. Die Durchsetzung von Schadensersatzansprüchen des Auftraggebers gegen den Spediteur gehört aber nicht mehr zur Abwicklung eines Verkehrsvertrages, die unter Versicherungsschutz steht[152].

Das besondere Prozeßrechtsverhältnis ist von den sonstigen vertraglichen Beziehungen unabhängig[153], ja, es setzt solche nicht einmal voraus. Daher ist der Kostenerstattungsanspruch auch kein Anspruch aus einem zwischen den Parteien bestehenden privaten Rechtsverhältnis[154] wie einem Verkehrsvertrag. Eine Haftungsbeschränkung in der Hauptsache erstreckt sich deshalb auch nicht auf die Kosten. Gilt dies bei der beschränkten Reederhaftung und der Erbenhaftung[155], so auch für die beschränkte (bzw. ausgeschlossene) Haftung des Spediteurs nach den ADSp. Somit sind aber die ADSp und damit auch der SVS auf das Prozeßrechtsverhältnis nicht anwendbar. Der Spediteur kann sich daher in Ansehung der Prozeßkosten überhaupt nicht auf die ADSp berufen, auch, wenn ihm die Kosten nicht

---

148 OLG Oldenburg v. 29. 9. 50 — 1 U 119/50.

149 LG Wuppertal v. 26. 10. 50 — 9 S 258/50.

150 Stein-Jonas-Schönke § 97 ZPO Anm. 3.

151 Nikisch S. 533; Stein-Jonas-Schönke Vorbem. § 91 ZPO.

152 Krien VRS 1951/305 (306).

153 Stein-Jonas-Schönke Vorbem. § 91 ZPO Anm. II 2; Nikisch S. 533.

154 Stein-Jonas-Schönke Vorbem. § 91 ZPO Anm. II 2; OLG Dresden v. 17. 12. 07 — VII. Senat — OLG Rspr. Bd. 16/358 (359); OLG Posen v. 5. 10. 00 — III. Senat — OLG Rspr. Bd. 1/398.

155 Stein-Jonas-Schönke Vorbem. § 91 ZPO Anm. II 2.

selbst im Prozeß auferlegt worden sind, sondern später als Schadensersatzforderung geltend gemacht werden. Obwohl der Prozeßkosten-Erstattungsanspruch eine Art besonderer Schadensersatzanspruch ist[156], kann er dennoch nicht gegen die Speditionsversicherer nach den §§ 2, 3 SVS gerichtet werden, weil es sich weder um Ansprüche auf Grund eines Verkehrsvertrages handelt, noch die ADSp / SVS überhaupt zum Zuge kommen. Vielmehr haftet der Spediteur persönlich in voller Höhe[157].

Anders verhält es sich aber mit der Erstattung von Prozeßkosten, die dem Auftraggeber durch schuldhafte Verletzung der Aufklärungspflicht hinsichtlich der Geltendmachung von Schadensersatzansprüchen gegen Dritte erwachsen. Insoweit besteht zwischen Spediteur und Auftraggeber noch kein prozessuales Rechtsverhältnis. Gehört aber die Abtretung von Ansprüchen des Spediteurs gegen Dritte gemäß § 52a ADSp an den Auftraggeber zu den Vertragspflichten des Spediteurs, so gehört auch eine damit zu verbindende Aufklärungspflicht über Umfang oder ein Bestehen des Anspruches überhaupt — soweit sie nach den obigen Grundsätzen zu bejahen war — zu den Vertragspflichten des Spediteurs. Entsteht hier also dem Auftraggeber ein Schaden (Kosten), und hätte der Spediteur diese nach dem Speditionsvertrage unter Zugrundelegung der gesetzlichen Bestimmungen zu erstatten, haftet insoweit an Stelle des Spediteurs die Speditionsversicherung.

Daher ist für die Erlangung des Versicherungsschutzes entscheidend, ob die Ersatzpflicht des Spediteurs (nach den gesetzlichen Bestimmungen) auf der Verletzung einer vertraglichen oder einer prozessualen Aufklärungspflicht beruht. Letztere fällt nicht unter den Versicherungsschutz. Ist die Aufklärungspflicht aber als eine Nebenpflicht aus dem Speditionsvertrage anzusehen und mithin ihre Verletzung als eine Vertragsverletzung, so haftet die Speditionsversicherung[158].

Freilich kann inzwischen der Versicherungsschutz entfallen sein, weil z. B. der Auftraggeber schuldhaft die Frist zur Anmeldung des Schaden versäumt hat — § 10 Ziff. 1 SVS — oder die Versicherer es als eine schuldhafte Verletzung der Obliegenheit des Auftraggebers zur Schadensminderung ansehen, daß er einen unnötigen Prozeß geführt hat — § 10 Ziff. 2 SVS —[159].

Grundsätzlich beruht aber ein Schaden des Auftraggebers aus fehlerhafter Inanspruchnahme Dritter, die auf eine unrichtige Auskunft des Spediteurs zurückzuführen ist, auf der Verletzung von Spediteurpflichten innerhalb des Verkehrsvertrages, so daß die Speditionsversicherer ihn zu ersetzen haben.

---

156 Stein-Jonas-Schönke Vorbem. § 91 ZPO.

157 OLG Hamburg v. 7. 1. 49 — 1 U 301/48 — VRS 1951/302 (304); Krien VRS 1951/305 (306); Schmid-Lossberg DVZ 1949 Nr. 18 S. 4.

158 Krien VRS 1951/305 (306).

159 Krien VRS 1951/305 (306).

Auch wird der Spediteur den Auskunft einholenden Auftraggeber auf den Ablauf gewisser Fristen für die Geltendmachung von Ansprüchen gegen die Speditionsversicherer hinweisen müssen[160]. Fraglich ist nun, ob und inwieweit die Speditionsversicherer für einen Schaden des Auftraggebers, der ihm dadurch entsteht, daß er seinen Anspruch gegen die Speditionsversicherung durch Fristablauf verliert, aufzukommen haben.

Der Spediteur ist selbst nicht zur Anmeldung des Schadens verpflichtet. Der Auftraggeber kann hierzu dem Spediteur nicht einmal Weisung erteilen[161], da die Anmeldung des Schadens nach § 10 Ziff. 1 SVS (siehe § 40 ADSp) allein eine Obliegenheit des Versicherten (des Auftraggebers) ist. Versäumt es also der Spediteur, den Auftraggeber über diese Fristen aufzuklären, so entsteht dem Auftraggeber noch kein neuerlicher Schaden (durch Verlust des Versicherungsanspruches), da er nach § 10 Ziff. 1 SVS seiner Ansprüche gegen die Speditionsversicherer nur dann verlustig geht, wenn er die Verspätung der Anmeldung des Schadens verschuldet hat. Regelmäßig wird daher der Versicherungsanspruch des Auftraggebers bestehen bleiben.

Übernimmt jedoch der Spediteur durch besondere vertragliche Vereinbarung mit dem Auftraggeber die Besorgung der Schadensanmeldung, so muß dieser sich freilich ein Verschulden des Spediteurs an der Verspätung als das Verschulden eines Wissensvertreters zurechnen lassen[162]. Der Spediteur wird dann dem Auftraggeber schadensersatzpflichtig. Für diesen — neuerlichen — Schaden haben die Speditionsversicherer nicht aufzukommen, da er auf der Verletzung einer „nicht üblichen Abrede" gemäß § 5 Ziff. 2 SVS beruht und die gesetzliche Haftpflicht des Spediteurs übersteigen würde. Daher haftet der Spediteur, wenn auch im Rahmen der ADSp (§§ 54 ff.), so doch persönlich.

Ein Schaden des Auftraggebers, der durch eine Verletzung der Aufklärungspflicht des Spediteurs über den Ablauf von Fristen für die Geltendmachung von Ansprüchen gegen die Speditionsversicherer entsteht, fällt somit nicht unter den Versicherungsschutz nach dem SVS.

Soweit im letzten Abschnitt eine Aufklärungspflicht des Spediteurs — und zwar nur auf Befragen — bejaht wurde, fällt ein Schaden aus ihrer schuldhaft pflichtwidrigen Verletzung unter die Haftpflicht der Speditionsversicherer im Rahmen des SVS, wenn nur die Aufklärungspflicht auf dem Speditionsvertrage und nicht auf einem prozessualen Rechtsverhältnis beruht.

Weiterhin hat sich Rechtsprechung[163] und Schrifttum[164] mit der

[160] OLG Hamburg v. 7. 1. 49 — 1 U 301/48 — VRS 1951/302 (303).

[161] Krien ADSp § 10 SVS Anm. 1 c.

[162] Bruck § 6 VVG Anm. 13; DVZ-Lexikon „Anmeldefrist" S. 101; Krien ADSp § 10 SVS Anm. 1 d.

[163] z. B. OLG Düsseldorf v. 21. 12. 49 — 7 U 96/49 — VRS 1950/432; OLG Frankfurt/M. v. 6. 11. 51 — 5 U 118/51 —; LG Osnabrück v. 3. 2. 47 — 2 O 95/46 — usw.

[164] so z. B. Stoldt MDR 1951/141 f.

Frage befaßt, ob und inwieweit der Spediteur im Hinblick auf seine weitgehende Haftungsbefreiung die vertragliche Pflicht habe, den Auftraggeber über Möglichkeiten und Notwendigkeit eines sonstigen Versicherungsschutz[164a] — insbesondere durch eine Transport- oder Lagerversicherung — aufzuklären. Gerade dort schließt nämlich die Speditionsversicherung ihre Haftpflicht aus, wo üblicherweise eine Lagerversicherung zu nehmen war und auch genommen werden konnte — § 6C SVS —.

Doch auch hier ist zu betonen, daß eine Aufklärungspflicht nicht ohne weiteres entsteht. Es gilt hier das gleiche wie für die Aufklärungspflicht hinsichtlich der Haftungsregelung nach den ADSp. Unterwirft sich der Auftraggeber den ADSp insgesamt, so muß er sich auch die einzelnen Bestimmungen entgegenhalten lassen. Diese sehen aber eine solche weitgehende Aufklärungspflicht nicht vor. Aus der allgemeinen Sorgfaltspflicht des Spediteurs nach § 1 ADSp ergibt sich eine Aufklärungspflicht auch nur auf Befragen[165], wie schon früher ausgeführt. Daher hat sich der Auftraggeber zu erkundigen[166]. Dies übersehen einige Entscheidungen, die auch hier vom Spediteur ohne weiteres Aufklärung des Auftraggebers verlangen[167].

Es würde überdies eine überspitzte Anforderung an den Spediteur, der nicht Versicherungsmakler ist[168], darstellen, wollte man von ihm erschöpfende Auskünfte in Versicherungsfragen verlangen. Dies ist nicht die Aufgabe eines Spediteurs[169]. Es ist daher grundsätzlich Sache des Auftraggebers, sich selbst um einen ausreichenden Versicherungsschutz zu bemühen[170]. Dabei kann er sich im Rahmen des Zumutbaren vom Spediteur beraten lassen, da dieser über gewisse Erfahrungen auf dem Gebiete verfügt. Außerdem wird der Spediteur meist eine General-Police auch für solche Versicherungen besitzen, die schon wegen der geringeren Prämiensätze für den Auftraggeber von Vorteil sein kann. Erteilt der Auftraggeber dem Spediteur hinsichtlich der Versicherungsnahme unklare Weisungen, so braucht der Spediteur nicht Rückfrage beim Auftraggeber zu halten, sondern er ist nach § 35 ADSp befugt, nach seinem pflichtgemäßen Ermessen zu handeln[171]. So gehen irgendwelche Fehlmaßnahmen des Spediteurs, die ohne sein Verschulden erfolgen, zu Lasten des Auftraggebers.

[164a] neben der Speditionsversicherung.

[165] LG Wiesbaden v. 26. 7. 47 — 3 S 25/46 —; Isaac §§ 36—38 ADSp Anm. 12f.; Krien § 36 ADSp Anm. 10; Gadow in RGR-Komm. § 408 HGB Anm. 11; Krien DVZ 1947 Nr. 18 S. 6; ders. DVZ 1948 Nr. 17 S. 9.

[166] LG Berlin v. 21. 9. 51 — 25 S 219/51; Durst VRR 1928 Sp. 504; Krien DVZ 1948 Nr. 74 S. 5; Senckpiehl VRR 1928 Sp. 505; ders. DVZ 1950 Nr. 76 S. 4.

[167] OLG'e Düsseldorf u. Frankfurt, siehe Anm. 164.

[168] Krien DVZ 1948 Nr. 17 S. 9; Schmid-Lossberg DVZ 1948 Nr. 54 S. 6.

[169] DVZ-Lexikon „Auskunftspflicht des Spediteurs in Schadensfällen" S. 103.

[170] LG Berlin v. 21. 9. 51 — 25 S 219/51.

[171] Schmid-Lossberg DVZ 1948 Nr. 54 S. 6; DVZ 1948 Nr. 50 S. 4 „Das Ermessen des Spediteurs gemäß ADSp".

Erteilt der Spediteur jedoch schuldhaft unrichtige Auskünfte und entsteht hieraus, etwa wegen unterbliebener Versicherungsnahme, dem Auftraggeber ein Schaden, so liegt ein Schaden aus der Verletzung einer Nebenverpflichtung zum Verkehrsvertrage vor, der unter die Haftung der Speditionsversicherung fällt[172].

Weitergehende Vertragspflichten zur Ermöglichung eines Versicherungsschutzes für das Gut bestehen nur, wenn der Auftraggeber einen ausdrücklichen und schriftlichen Auftrag zur Versicherungsnahme erteilt hat. Keineswegs kann aber davon die Rede sein, daß der Spediteur unter Umständen auch ohne Weisung zur Versicherungsbesorgung für das Gut verpflichtet ist, wie manchmal irrig in der Rechtsprechung angenommen wurde[173]. Dieses würde glatt den Bestimmungen der ADSp widerstreiten[174]. Hier bestimmen die §§ 35 ff. ADSp als Spezialvorschriften eindeutig, daß ein solcher Versicherungsschutz nur auf ausdrückliche, schriftliche Weisung des Auftraggebers vom Spediteur zu besorgen ist. Allein der Auftraggeber bestimmt Art und Umfang des Versicherungsschutzes[175]. Er kann auch gerade daran ein Interesse haben, das Gut unversichert zu lassen, um die Kosten zu sparen. Die Entscheidung hierüber liegt jedenfalls beim Auftraggeber. Daher ist der Spediteur auch grundsätzlich bei mangelnder Versicherung nicht zur Einholung von Auskünften beim Auftraggeber verpflichtet, ob dieser nicht noch versichern wolle. Eine Versicherungsbesorgung durch den Spediteur ohne entsprechenden Auftrag des Auftraggebers wäre jedenfalls eine Geschäftsführung ohne Auftrag. Der Spediteur würde unter Umständen, nachdem sich herausgestellt hat, daß eine solche Versicherungsnahme nicht nötig gewesen war, — weil kein Schaden eingetreten ist — seine Aufwendungen nicht ersetzt bekommen, da sie nicht willens- und interessegemäß nach § 683 BGB waren. Um solche Zweifelsfälle überhaupt auszuschalten, ordnet § 35 ADSp eine Versicherungsnahme von Versicherungen des Gutes nur bei ausdrücklichem schriftlichen Auftrag an.

Entsteht daher dem Auftraggeber infolge mangelnder Deckung einer Transportversicherung ein Schaden, so hat er diesen folglich selbst zu tragen. Unterläßt der Spediteur aber trotz ausdrücklichen Auftrags die Versicherungsnahme, so liegt freilich die Verletzung einer Vertragspflicht vor; Schäden hieraus fallen nach § 2 Ziff. 2 SVS unter die Haftung der Speditionsversicherung.

Fassen wir also zusammen, inwieweit wir eine vertragliche Aufklärungspflicht des Spediteurs anerkennen können und der Versicherungsschutz eingreift:

---

[172] AG Wiesbaden — ohne Daten — in DVZ 1950 Nr. 73 S. 4.

[173] OLG Braunschweig v. 4. 11. 27 — 1 V 62/27 — VRR 1928 Sp. 443 (444); OLG Dresden v. 9. 11. 48 — 4 U 9/48 — VRS 1949/152 = BB 1949/131 f.

[174] LG Hamburg v. 24. 9. 52 — 23 S 23/52; AG Braunschweig v. 30. 10. 50 — 2 C 143/50; AG Frankfurt/M. v. 12. 12. 51 — 37 C 1474/51; Altenburg VRR 1928 Sp. 462; Durst VRR 1928 Sp. 504; ders. DVZ 1949 Nr. 49 S. 6; Senckpiehl VRR 1928 Sp. 505; ders. DVZ 1950 Nr. 76 S. 4.

[175] Krien DVZ 1948 Nr. 17 S. 9; Schmid-Lossberg DVZ 1948 Nr. 54 S. 6.

Eine umfassende vertragliche Aufklärungspflicht des Spediteurs gibt es nicht. Der Spediteur hat nur auf Befragen bzw. bei Inanspruchnahme wegen Schadensersatzes etc. Auskünfte über die Versicherungsnahme und wichtige Einzelheiten für die Durchsetzung der Versicherungsansprüche dem Auftraggeber mit der Sorgfalt eines ordentlichen Spediteurs zu erteilen. Schäden, die aus unrichtigen oder unterbliebenen Auskünften unter Verletzung dieser Aufklärungspflicht entstehen, sind, soweit sie nicht auf einem besonderen Prozeßrechtsverhältnis beruhen, Vertragsschäden, die unter die Haftpflicht der Speditionsversicherer fallen.

Nach den Bedingungen des SVS gehören grundsätzlich nur Schäden aus der Verletzung vertraglicher Pflichten des Spediteurs zu den durch die Speditionsversicherung gedeckten Schäden. Es taucht nun die Frage auf, ob hierzu auch vertraglose Beziehungen zwischen den Parteien zählen können wie aus Geschäftsführung ohne Auftrag oder unerlaubter Handlung — ohne das überhaupt ein Vertragsverhältnis besteht —, gescheiterten Verträgen, Verschulden bei Vertragsschluß und sonstigem vorvertraglichem Verschulden.

Hier ist ganz allgemein, da die ADSp Vertragsrecht und keine gesetzlichen Normen sind, für die Anwendung dieser Bedingungen kein Raum. Die lange streitig gewesene Frage nach dem Rechtscharakter der ADSp scheint sich jetzt dahin zu klären, daß man die ADSp als ein normiertes Vertragsrecht ansieht[176], dem sich die Parteien — wenn auch möglicherweise stillschweigend — unterwerfen müssen, um es zum Vertragsinhalt werden zu lassen[177]. Die ADSp werden daher nur durch Vertragsschluß zum Bestandteil des Speditionsvertrages. Besteht aber kein Vertrag, so auch grundsätzlich keine Möglichkeit, die Bedingungen anzuwenden[178]. Sind aber die ADSp nicht anwendbar, so auch nicht deren Freizeichnungsklauseln und ebenfalls nicht der SVS. Schäden, die dem Auftraggeber entstehen, ohne daß ein gültiger Verkehrsvertrag vorliegt, sind nie im Sinne von § 41 a ADSp gedeckte Schäden. Insoweit ist die Freizeichnung des Spediteurs auf Schadensereignisse bei Bestehen eines Vertrages beschränkt.

Eine Besonderheit in diesem Rahmen bildet das sogenannte Verschulden bei Vertragsschluß (culpa in contrahendo). Das Reichsgericht hat dieses vorvertragliche Verschulden in ständiger Rechtsprechung ähnlich einem vertraglichen Verschulden behandelt, um den Schuldner, der in Beziehungen zum Gläubiger zur Anbahnung von Verträgen tritt, schärfer und über den Rahmen der Bestimmungen

---

[176] BGH v. 3. 2. 53 — I ZR 61/52 — NJW 1953/541 = VRS 1953/274 f. = BB 1953/186 f. = VersR 1953/189; Gessler-Hefermehl § 407 HGB Anm. 11; Schwartz § 2 ADSp Anm. 4.

[177] BGH wie Anm. 176; OLG Köln v. 27. 5. 52 — 4 W 102/52 — siehe DVZ 1953 Nr. 72 S. 1; OLG Saarbrücken v. 22. 7. 53 — 3 U 10/53 — NJW 1953/1832 (1833); Benkard BB 1953/782.

[178] LG Traunstein v. 17. 8. 50 — 2 O 176/50 —; Schmid-Lossberg DVZ 1949 Nr. 3 S. 7.

über unerlaubte Handlungen hinaus auf Grund eines besonderen vorvertraglichen Schuldverhältnisses haften zu lassen[179]. Diese Haftung ist daher unabhängig davon, ob der beabsichtigte Vertrag später zustande kommt oder nicht[180].

Geht man mit der Rechtsprechung des Bundesgerichtshofes[181] davon aus, daß die ADSp, die gerade die gesetzliche Haftung beschränken oder auf die Speditionsversicherer abwälzen sollen, nur durch Vertragsschluß auch Inhalt des Vertrages werden, so kann man sie freilich dann nicht anwenden, wenn kein Speditionsvertrag oder sonstiger Verkehrsvertrag zustande kommt[182].

Anders ist es aber, wenn später der Speditionsvertrag tatsächlich abgeschlossen wird. Hier wird für jede Haftung des Spediteurs die Haftungsbeschränkung bzw. Haftungsfreiheit nach § 41 a ADSp vereinbart, soweit Schäden mit dem Speditionsvertrage im Zusammenhange stehen.

Ist der Schaden schon vor Abschluß des Speditionsvertrages eingetreten, so wird man ihn nicht ohne weiteres unter die Regelung der ADSp/SVS bringen können[183]. Diese könnten nur bei ausdrücklicher Vereinbarung angewendet werden, denn hier läge bereits ein fertiger Schadensersatzanspruch nach dem Gesetz vor, auf den der Auftraggeber praktisch verzichten sollte. Dies ist jedoch nicht anzunehmen. Selbst wenn aber die ADSp anzuwenden wären, bliebe immer noch die Haftpflicht der Speditionsversicherung problematisch. Diese beginnt nämlich erst mit dem Zustandekommen des Verkehrsvertrages, dann aber auch automatisch. Bereits eingetretene Schäden sind aber nicht unter das Risiko der Speditionsversicherung gestellt. Um eine dem § 2 VVG entsprechende Rückwirkung des Versicherungsschutzes zu erzielen, hätte es einer im SVS fehlenden besonderen Bestimmung bedurft. Die Vereinbarung einer Versicherung bereits eingetretener Schäden ist eine Ausnahme, die deshalb nicht ohne weiteres unterstellt werden kann. Eine Rückwärtsversicherung läßt sich für den Bereich des SVS nicht annehmen. Daher wird man die versicherungsmäßige Deckung von Schäden, die schon vor Abschluß entstanden sind, verneinen müssen.

Schäden aber, die während der Laufzeit des Speditionsvertrages aus der Verletzung einer vorvertraglichen Pflicht entstehen, sind kraft Vertragsschlusses in die Regelung der ADSp/SVS einbezogen, wozu es keinen besonderen Hinweises bedurfte. Insoweit besteht

---

[179] RG ständig z. B. v. 24. 9. 18 — VII 95/18 — Bd. 95/58 (60); bis v. 14. 3. 39 — III 128/37 — Bd. 162/129 (156); Palandt-Danckelmann § 276 BGB Anm. 6 a; Enneccerus-Lehmann S. 180.

[180] Oegg in RGR-Komm. § 276 BGB Anm. 3; Enneccerus-Lehmann S. 180; Larenz S. 60; Weller S. 123.

[181] z. B. BGH v. 3. 2. 53 — I ZR 61/52 — NJW 1953/541 = VRS 1953/274 f = BB 1953/186 f. = VersR 1953/159 f.

[182] Weller S. 123.

[183] siehe OLG Hamburg v. 13. 7. 26 — Bf VI 44/25 — HGZ 1926/159.

dann auch Versicherungsschutz, so daß sich der Spediteur mithin auf seine Freizeichnung nach § 41 a ADSp berufen kann.

Dies hat vor allem praktische Bedeutung für die Schäden aus der Verletzung vorvertraglicher Aufklärungspflichten. Es wird sich zumeist um Schäden innerhalb des Vertrages handeln, Schäden also, die dem Auftraggeber durch Unterlassen anderweitiger Versicherungsnahme entstehen und auf die schuldhafte Verletzung einer speditionellen Aufklärungspflicht zurückzuführen sind. Schäden durch Abschluß des Vertrages aus der Verletzung von Aufklärungspflichten werden kaum vorkommen, da bekanntlich fast alle Spediteure nur nach den ADSp abschließen. Schäden aber, die durch Verletzung einer vorvertraglichen Aufklärungspflicht während der Laufzeit des Verkehrsvertrages entstehen, fallen damit unter die Regelung für Vertragsschäden, so daß auf die dortigen Ausführungen[184] verwiesen werden darf.

Auch sonstige vorvertragliche Beziehungen des Auftraggebers zum Spediteur sind denkbar, so z. B., wenn das Gut beim Spediteur schon vor Abschluß des Verkehrsvertrages eintrifft. Entstehen hier Schäden, so muß auch der Grundsatz gelten, daß Schäden vor Abschluß des Verkehrsvertrages nicht unter die Regelung der ADSp/SVS fallen[185]. Es sei aber erwähnt, daß, wie die Praxis der Vergangenheit zeigt, die SVS-Versicherer auch in diesen Fällen Versicherungsschutz zu gewähren pflegen.

Vertragsschäden sind mithin alle Schäden aus der Verletzung von Spediteurpflichten, die nach Abschluß des Speditionsvertrages entstehen. Besteht ein gültiger Verkehrsvertrag, auf den die ADSp nach § 2 a ADSp anzuwenden sind, so ist jeder künftig entstehende Schaden nach § 2 SVS unter Versicherungsschutz gestellt. Nur im Rahmen eines gültigen Verkehrsvertrages sind die ADSp/SVS anwendbar. Liegen aber diese Voraussetzungen vor, so handelt es sich um im Sinne von § 41 a ADSp gedeckte Schäden.

bb) Dem Auftraggeber können aber auf Grund eines Verkehrsvertrages neben vertraglichen Ansprüchen auch solche außervertraglicher Art wie aus unerlaubter Handlung, Bereicherung oder Eigentum usw. zustehen.

Diese sind entsprechend der Regelung des § 63 ADSp den ADSp in gleichem Maße unterworfen wie die vertraglichen Ansprüche des Auftraggebers[186]. Wenn § 63 ADSp auch nur von Ansprüchen aus unerlaubter Handlung spricht, so will er doch alle außervertraglichen Ersatzansprüche erfassen[187], so daß auf dem Umwege über solche Ansprüche nicht die Haftungsregelung der ADSp umgangen werden kann. Weller begründet dies für Bereicherungsansprüche anders[188]. Er meint, der Auftraggeber, dem ein Ersatzanspruch gegen die Ver-

[184] siehe Seite 48 ff. dieser Arbeit.
[185] siehe OLG Hamburg v. 13. 7. 26 — Bf VI 44/25 — HGZ 1926/159.
[186] DVZ-Lexikon „Eigentum“ S. 109; Krien § 63 ADSp.
[187] ähnlich Renker S. 47/48.

sicherer zustehe, sei nicht entreichert. Dies führt aber letzten Endes zum gleichen Ergebnis, so daß der Spediteur von solchen Ansprüchen befreit ist.

Dementsprechend enthält auch § 3 Ziff. 2 SVS eine Klausel, nach welcher Ansprüche des Auftraggebers, die auch auf außervertragliche Normen gestützt werden können, ebenfalls unter die Haftung der Versicherer fallen. Hierin liegt nun keine Haftungserweiterung der Speditionsversicherer gegenüber der allgemeinen Haftung nach § 2 SVS, da auch diese Ansprüche noch unter die gesetzliche Haftung des Spediteurs auf Grund eines Verkehrsvertrages fallen würden. Die Klausel wurde aber als eine ausdrücklich klarstellende Gegenvorschrift zu § 63 a ADSp eingefügt, daß nicht ein Auftraggeber mangelnde Deckung des Schadens durch die Versicherer einwenden kann. Daher kann sich der Spediteur auch gegenüber solchen Schäden auf seine Haftungsfreiheit berufen, denn es handelt sich um im Sinne von § 41 a ADSp gedeckte Schäden[189].

Grundsätzliches Erfordernis ist jedoch, daß zwischen Auftraggeber und Spediteur ein Vertragsverhältnis besteht; denn ohne ein solches sind, wie wir gesehen haben, die ADSp/SVS unanwendbar. Weiterhin muß dieser außervertragliche Anspruch in einem unmittelbaren Zusammenhang mit dem Verkehrsvertrage stehen, so daß auch Ansprüche, bei denen dieser Zusammenhang fehlt, nicht unter die Haftpflicht der Speditionsversicherer fallen. Dies gilt zum Beispiel für Schädigungen des Auftraggebers durch das Personal des Spediteurs bei Gelegenheit der Ausführung des Speditionsauftrages wie Diebstähle in der Wohnung des Auftraggebers bei Abholung des Gutes usw. Ein unmittelbarer Zusammenhang mit dem Verkehrsvertrag ist aber dann gegeben, wenn der Anspruch des Auftraggebers gerade auf dem Vertragsverhältnis beruht und nur auch in Form eines außervertraglichen Anspruches durchgesetzt werden kann.

Der Auftraggeber ist, wie wir gesehen haben, mit seinen außervertraglichen Ansprüchen der gleichen Regelung wie für seine vertraglichen Ansprüche — nämlich den ADSp — unterworfen.

Nun wird aber mitunter der Eigentümer des Speditionsgutes nicht mit dem Auftraggeber aus dem Speditionsvertrage identisch sein. Da diesem Eigentümer auch Ansprüche gegen den Spediteur zustehen können, er andererseits nach §§ 1, 3 Ziff. 2 SVS ebenfalls Versicherungsschutz genießt, müssen wir uns fragen, ob und inwieweit der Spediteur auch diesem Eigentümer seine Haftungsregelung nach den ADSp entgegenhalten kann.

Dies ist ohne weiteres möglich, soweit es sich um vom Auftraggeber an den Eigentümer abgetretene Vertragsansprüche handelt, denn der Auftraggeber kann dem Eigentümer nicht mehr Rechte verschaffen, als er selbst hat. Stand dem Auftraggeber gegen den Spediteur gemäß § 41 a ADSp kein Anspruch zu, so konnte auch der

[188] Weller S. 121.
[189] LG Köln v. 23. 6. 50 — 14 O 107/50 —.

Eigentümer keinen solchen erwerben. Die außervertraglichen Ansprüche des Eigentümers, die ihm ohnehin zustehen, sind aber insoweit nicht betroffen.

Grundsätzlich können die ADSp und somit ihre Freizeichnungsklauseln, wie hier § 41 a ADSp, nur dem Vertragspartner (bzw. nach § 404 BGB dem Rechtsnachfolger) entgegengehalten werden, da es sich um vertragliche Vereinbarungen handelt.

Gibt also der Eigentümer einem von ihm bevollmächtigten Vertreter den Auftrag, mit dem Spediteur abzuschließen, so wird er, da bei ihm nach § 164 Abs. 1 S. 1 BGB alle Rechte und Pflichten aus dem Vertrage entstehen, selbst zum Auftraggeber nach den ADSp und ist somit allen Einwendungen aus dieser Regelung ausgesetzt. Dieser Fall interessiert daher hier nicht.

Handelt aber der Auftraggeber nicht in Vertretung des Eigentümers oder fehlt ein Auftrag seitens des Eigentümers überhaupt, etwa, weil das Gut gestohlen ist usw., so fragt es sich, wie der Spediteur in solchen Fällen dem Eigentümer haftet. Wir haben gesehen, daß ein Versicherungsschutz jedenfalls nach § 3 Ziff. 2 SVS besteht, soweit überhaupt ein gültiger Verkehrsvertrag geschlossen wurde.

In diesen Fällen tritt der Eigentümer zum Spediteur nicht in vertragliche Beziehungen. Er hat mithin keine eigenen Ansprüche aus dem Verkehrsvertrage. In Betracht kommen für ihn jedoch Ansprüche aus unerlaubter Handlung, Bereicherung, Geschäftsführung ohne Auftrag, vor allem aber aus Eigentum.

War der Auftraggeber des Spediteurs gegenüber dem Eigentümer nicht zur Erteilung des Speditionsauftrages berechtigt, handelte er also eigenmächtig oder sonst gegen den Willen des Eigentümers, so ist der Spediteur Herausgabeansprüchen des Eigentümers nach § 985 BGB ausgesetzt. Treten nun Schäden auf, so könnten Ansprüche des Eigentümers nach den §§ 989 ff. BGB sowie z. B. aus unerlaubter Handlung entstehen.

Der Spediteur ist, da er gegenüber dem Eigentümer in diesem Falle nicht zum Besitz berechtigt ist, ein unrechtmäßiger Besitzer im Sinne der §§ 989 ff. BGB. Diese schließen nun aber als Spezialregelung für Schadensersatzansprüche des Eigentümers gegenüber dem unrechtmäßigen Besitzer, wie sich aus § 992 BGB ergibt, die Anwendbarkeit der §§ 823 ff., 812 ff. BGB grundsätzlich aus[190].

Eine Besonderheit gilt nun zwar für den Fremdbesitzerexzeß[191], also in Fällen, in denen der Fremdbesitzer sein ihm wirklich oder vermeintlich zustehendes Besitzrecht überschreitet — z. B. wenn der Spediteur das ihm übergebene Fahrrad unbefugt benutzt und dabei

---

190 RG v. 30. 1. 40 — V 76/38 — (GZS 3/38) Bd. 163/348 (352); BGH v. 18. 12. 51 — I ZR 86/51 — VRS 1952/198; Palandt-Danckelmann § 987 BGB Vorbem. 2; Weller S. 107; DVZ 1952 Nr. 47 S. 9 „Um den § 63 der ADSp". — Bestehen bleiben nur Ansprüche nach §§ 816, 826 BGB.

191 RG v. 17. 1. 21 — IV 402/20 — Bd. 101/307 (310/11); RG v. 20. 1. 23 — V 469/22 — Bd. 106/149 (152); RG v. 1. 3. 38 — VII 179/37 — Bd. 157/132 (134); BGH v. 14. 6. 51 — IV ZR 37/50 — NJW 1951/643.

beschädigt —. Jedoch trifft für den Fall, der uns beschäftigt, nämlich das Verhältnis des vom Auftraggeber verschiedenen Eigentümers zum Spediteur, § 991 Abs. 2 BGB eine Sonderregelung[192]. Ist der Spediteur in Ansehung seines Besitzrechtes gutgläubig im Sinne der §§ 932 Abs. 2 BGB, 366 HGB, etwa, weil er den Auftraggeber für den Eigentümer selbst oder ihn aber zur Besitzüberlassung an sich für berechtigt gehalten hat, so soll der Spediteur auch gegenüber dem Eigentümer nicht weiter haften, als er seinem Vertragspartner, also dem Auftraggeber, haftet[193]. Somit kann der (dritte) Eigentümer Ansprüche gegen den Spediteur nur insoweit geltend machen, als seitens des Auftraggebers Ansprüche gegen den Spediteur bestehen[194].

Es entfallen also weitergehende Ansprüche aus unerlaubter Handlung (§§ 823 ff. BGB) und Bereicherung (§§ 812 ff. BGB)[195]. Hat sich der Spediteur dem Auftraggeber gegenüber gemäß § 41 a ADSp wirksam freigezeichnet, dann haftet er auch dem Eigentümer gegenüber nicht. § 991 Abs. 2 BGB bewirkt also trotz grundsätzlicher Nichtanwendbarkeit der ADSp auf das vertraglose Verhältnis zum Eigentümer, daß dieser sich letzten Endes diese Regelung doch entgegenhalten lassen muß[196]. Selten wird der Fall sein, in dem der Spediteur nach § 991 Abs. 2 BGB nicht gutgläubig sein wird. Dann hätte er allerdings den Schutz der ADSp verwirkt und wäre direkten Ansprüchen des Eigentümers ausgesetzt. Hier greift aber § 63 b ADSp ein, der den Auftraggeber verpflichtet, den Spediteur von solchen Ansprüchen zu befreien.

Ist jedoch der Spediteur gutgläubig hinsichtlich seines Besitzrechtes gegenüber dem Eigentümer, so kann der Spediteur bei erfolgter Freizeichnung gemäß § 41 a ADSp gegenüber dem Auftraggeber sich auch dem Eigentümer gegenüber auf seine Haftungsfreiheit berufen.

Ist der Spediteur aber dem Eigentümer gegenüber zum Besitze berechtigt, so ist § 991 Abs. 2 BGB nicht mehr anwendbar, denn er ist, wie auch die übrigen Vorschriften der §§ 989 ff. BGB nur gegenüber dem unrechtmäßigen Besitzer heranzuziehen[197]. Die Besitzberechtigung des Spediteurs ergibt sich jedoch nur, wenn der Eigentümer das Gut in den Speditionsverkehr gelangen lassen wollte bzw.

---

[192] RG v. 1. 3. 38 — VII 179/37 — Bd. 157/132 (134); Schack in RGR-Komm. § 992 BGB Anm. 2.

[193] Schack in RGR-Komm. § 991 BGB Anm. 2; Weller S. 109; A.A. Gadow in RGR-Komm. § 407 HGB Anm. 17, der aber übersieht, wenn er stets die Kenntnis vom fremden Eigentum als Bösgläubigkeit des Spediteurs ansieht, daß dann § 991 Abs. 2 BGB überhaupt nicht anwendbar wäre.

[194] BGH v. 18. 12. 51 — I ZR 86/51 — VRS 1952/198.

[195] Düringer-Hachenburg-Lehmann § 407 HGB Anm. 4; Wolff § 85 II 5 c β S. 296.

[196] Isaac § 69 ADSp Anm. 3 c; Krien § 63 ADSp; DVZ 1952 Nr. 47 S. 9 „Um den § 63 der ADSp".

[197] Eichhorn S. 104; Raiser S. 216 Anm. 2.

damit rechnen mußte[198] und dies in Kauf nahm; anderenfalls wäre gerade eine Besitzberechtigung des Spediteurs dem Eigentümer gegenüber nicht gegeben und § 991 Abs. 2 BGB anzuwenden. Schließt also der Auftraggeber des Spediteurs mit Billigung des Eigentümers den Speditionsvertrag, jedoch im eigenen Namen, so daß nur er Vertragspartner wird und nicht der Eigentümer, so interessiert hier die Frage, ob sich auch jetzt der Eigentümer die ADSp und damit die Freizeichnungsklausel § 41 a ADSp entgegenhalten lassen muß.

Rechtsprechung[199] und Schrifttum[200] sind sich darüber einig, daß die ADSp auch hier Anwendung finden müssen. Die rechtliche Konstruktion ist schwieriger.

Hildebrand[201] sieht in der Vereinbarung der Freizeichnung nach den ADSp zwischen Spediteur und Auftraggeber, soweit sie den dritten Eigentümer binden soll, eine Verfügung über künftig entstehende Schadensersatzansprüche des Eigentümers. Diese bedürfe, um Wirksamkeit gegenüber dem Eigentümer zu erlangen, dessen Zustimmung gemäß § 185 Abs. 1 BGB. Hildebrand sieht nun in dem Auftrag an den späteren Auftraggeber des Spediteurs, das Gut abzusenden, eine solche Ermächtigung, mit dem Speditionsvertrage auch die üblichen Bedingungen zu akzeptieren, worin gleichzeitig ein Verzicht auf weitergehende Ansprüche liege. Voraussetzung sei nur, daß die Beförderung des Gutes im Interesse des Eigentümers liege und auf seine Veranlassung geschehe. Dies ist freilich selbstverständlich, denn sonst wäre eine Lage gegeben, in der der Spediteur unrechtmäßiger Besitzer gegenüber dem Eigentümer wäre und dessen Ansprüche über § 991 Abs. 2 BGB auf den Rahmen der ADSp beschränkt wären. Diese Konstruktion Hildebrands vom konkludenten Verzicht auf weitergehende Ansprüche, als sie nach den ADSp bestehen würden, hat zweifellos etwas Bestechendes für sich. Sie setzt jedoch einen aus dem Verhalten der Parteien zu schließenden, konkludenten Vertragswillen voraus, der sich aber nicht stets unterstellen läßt, vor allem nicht, wenn der Eigentümer gerade so die Anwendbarkeit der ADSp umgehen wollte. Dann versagt die Konstruktion.

Stellt aber der Eigentümer an den Spediteur Ansprüche, die über den Rahmen der ADSp hinausgehen, so muß er sich vom Spediteur die Einrede der Arglist entgegenhalten lassen[202]. Treu und Glauben, die im ganzen Recht gelten[203], gebieten es dem Eigentümer,

---

198 Senckpiehl S. 22.

199 RG v. 4. 1. 09 — R I 82/08 — Bd. 70/174 (176); RG v. 25. 11. 11 — I 529/10 — Bd. 77/317 (320); RG v. 23. 3. 21 — VI 543/20 — Bd. 102/39 (44) usw.

200 DVZ-Lexikon „Eigentum“ S. 109; v. Godin in RGR-Komm. § 346 HGB Anm. 26; Krien § 63 ADSp; Schwartz § 63 ADSp Anm. 1; Staub-Gadow § 407 HGB Anm. 17; Eichhorn S. 106; Hansen S. 50; Krusemeyer S. 38; Renker S. 48; Weller S. 112 ff.

201 Hildebrand AZP Bd. 143/326 (341); ebenso Raiser S. 218; siehe auch Eichhorn S. 106.

202 Weller S. 116.

mit dessen Willen und Wissen das Gut in den Speditionsverkehr gelangt ist, daß er sich auch die dort üblichen Bedingungen entgegenhalten lassen muß[204]. Dies rechtfertigt sich aus der Erwägung, daß der Eigentümer nicht dadurch besser gestellt werden darf, daß er nicht selbst mit dem Spediteur in Vertragsbeziehungen tritt[205], denn sonst würde der Spediteur auch mit ihm nur auf der Grundlage der ADSp abgeschlossen haben. Weiterhin spricht dafür, daß ja meist sogar der Spediteur dem Eigentümer, der das Gut nicht in den Speditionsverkehr gelangen lassen wollte, gemäß § 991 Abs. 2 BGB praktisch nur nach den ADSp haftet. Finden in diesem Falle die ADSp sogar Berücksichtigung, wenn der Spediteur dem Eigentümer gegenüber nicht einmal zum Besitz berechtigt ist, so auch dann, wenn der Eigentümer das Gut zum Spediteur gelangen lassen wollte.

Entsprechendes muß auch dann gelten, wenn der Auftraggeber des Spediteurs zwar nicht vom Eigentümer selbst ermächtigt, aber kraft seiner Amtsstellung als Konkursverwalter, Nachlaßverwalter, Custodian nach MRG 52 usw. dem Eigentümer gegenüber zu Speditionsaufträgen berechtigt ist.

Diese benannten Personen handeln nicht als Vertreter des Eigentümers[206], sondern nach herrschender Meinung als Parteien kraft Amtes[207], wobei die Ähnlichkeit der Rechtsstellung des Custodians nach MRG 52 mit der der sonstigen Verwalter es erlaubt, ihn mit diesen gleich zu behandeln[208]. Diese Verwalter leiten ihre Befugnisse aus ihrer amtlichen Eigenschaft ab und sind in der Lage, den Eigentümer hinsichtlich des ihrer Verwaltung unterliegenden Vermögens im Rahmen ihrer Verwaltungsaufgabe zu berechtigen und

[203] Palandt-Danckelmann §242 BGB Anm. 3.

[204] RG v. 4. 1. 09 — R I 82/08 — Bd. 70/174 (176); RG v. 25. 11. 11. — I 529/10 — Bd. 77/317 (320); RG v. 23. 3. 21 — VI 543/20 — Bd. 102/39 (44); RG v. 23. 6. 39 — I 205/38 — Bd. 161/209 (215); KG v. 14. 6. 50 — 3 U 274/50 — siehe DVZ 1950 Nr. 98 S. 6; LG Hamburg v. 3. 1. 47 — 24 O 67/46; Düringer-Hachenburg-Lehmann § 407 HGB Anm. 7; DVZ-Lexikon „Eigentum" S. 109; Gessler-Hefermehl § 407 HGB Anm. 26; Isaac § 3 ADSp Anm. I B 5 S. 108; Krien § 63 ADSp; Schwartz § 63 ADSp Anm. 1; Hansen S. 50; Schmid-Lossberg DVZ 1949 Nr. 3 S. 7; Senckpiehl S. 100/101; Wieneke S. 100; Weller S. 116; Worm S. 49; Gadow in RGR-Komm. § 407 HGB Anm. 17; DVZ 1952 Nr. 47 S. 9 „Um den § 63 der ADSp".

[205] Düringer-Hachenburg-Lehmann § 407 HGB Anm. 7; Schwartz § 63 Anm. 1; Eichhorn S. 106; Schmid-Lossberg DVZ 1949 Nr. 3 S. 7; Raiser S. 218.

[206] z. B. Mentzel § 6 KO Anm. 6; Palandt-Rechenmacher § 1985 BGB Anm. 1; KG v. 1. 9. 49 — 1 W 1670/49 — DRZ 1949/569; OLG Tübingen v. 14. 7. 49 — U 41/49 — DRZ 1950/256.

[207] siehe hierzu Heiland DRZ 1950/258 und Engler DRZ 1947/252 (253).

[208] OGH BZ v. 10. 2. 49 — I ZS 84/48 — Bd. 2/1 (8); OLG München v. 6. 2. 48 — Rev. Reg. 109/47 — NJW 1947—1948/480; LG Berlin v. 15. 8. 50 — 20 S 319/50 — JR 1951/244 (245); LG Heidelberg v. 8. 5. 52 — 1 S 29/52 — NJW 1952/1022; Palandt-Danckelmann Einf. § 164 BGB Anm. 3; Erman-Böhle-Stamschräder § 164 BGB Vorb. Anm. 2 b; Barz NJW 1947—1948/44 (46); Becker DRZ 1950/101 (102); Bertermann NJW 1950/213; Blanke NJW 1947—1948/129 (130); Hepp DRZ 1950/520.

zu verpflichten[209] mit der Maßgabe, daß der Eigentümer an die Geschäfte des Verwalters in diesem begrenzten Rahmen jedenfalls gebunden ist. Dieses ergibt sich aus den gesetzlichen Bestimmungen wie z. B. §§ 1985, 2205 BGB, 6 KO usw. Ein gleiches muß aber wenigstens für die Geschäfte des Custodians nach MRG 52 gelten, die sich im normalen Geschäftsbereich des Eigentümers des Gutes halten[210]. Soweit also der Verwalter im Rahmen seiner Amtsbefugnisse tätig wird, sind seine Geschäfte auch nach Beendigung der Verwaltung für den Eigentümer verbindlich[211], soweit es das der Verwaltung unterliegende Vermögen angeht. Daher ist der Eigentümer hinsichtlich eines Vertrages des Treuhänders mit dem Spediteur — z. B. wegen eines eingelagerten Gutes, das unter treuhänderischer Verwaltung nach MRG 52 stand — an die Abmachungen mit dem Spediteur gebunden[212]. Entstehen irgendwelche Ansprüche gegen den Spediteur, so erwirbt auch der Eigentümer, der nicht Partner des Vertrages geworden ist, abgesehen von abgetretenen Ansprüchen aus dem Vertrage keine eigenen über die — zwischen Custodian und Spediteur geltenden — ADSp hinausgehenden Ansprüche. Der Vertragsschluß des Custodians auf der Grundlage der ADSp bindet auch den Eigentümer jedenfalls hinsichtlich des Speditionsgutes. Daher bedarf es nicht, wie der BGH[213] angenommen hat, einer Heranziehung des § 991 Abs. 2 BGB, der im übrigen, da der Spediteur bis zur Aufhebung des Speditionsvertrages ohnehin dem Eigentümer gegenüber zum Besitz berechtigt war, garnicht Anwendung finden konnte[214].

Es ergibt sich vielmehr, da der Verwalter mit bindender Wirkung für den Eigentümer rechtsgeschäftlich handeln kann, also auch Speditionsverträge auf der Grundlage der ADSp abschließen darf, die Anwendbarkeit dieser Vorschriften auf Schadensersatzansprüche des Eigentümers gegen den Spediteur. Mithin kann der Spediteur dem Eigentümer des Gutes, das unter amtlicher Verwaltung stand, insoweit die Vereinbarung mit dem Verwalter entgegenhalten; soweit also die Speditionsversicherung eingreift, kann sich der Spediteur auf seine Haftungsfreiheit nach § 41 a ADSp berufen.

[209] Oegg in RGR-Komm. § 164 BGB Anm. 2; Soergel-Lindenmaier Vorbem. § 164 BGB Anm. 5; Haidinger MDR 1948/7 (8).

[210] LG Berlin v. 25. 4. 50 — 25 S 86/50 — JR 1951/243; Blumenfeld DRZ 1947/253 (254).

[211] so z. B. Jaeger § 57 KO Anm. 5; Mentzel § 57 KO Anm. 1; RG v. 26. 3. 31 — II B 5/31 — Bd. 132/138 (144); KG v. 1. 7. 37 — Wx 281/37 — JW 1937/2599 (2600); OLG Düsseldorf v. 23. 6. 50 — 5 U 3/50 — BB 1950/577; OLG Kiel v. 10. 5. 48 — 3 T 10/48 — MDR 1948/294; LG Berlin v. 15. 8. 50 — 20 S 319/50 — JR 1951/244 (245); Barz NJW 1947—1948/44 (46); Uibrig NJW 1952/1021.

[212] A. A. ohne nähere Begründung LG Traunstein v. 17. 8. 50 — 2 O 176/50 und — in gleicher Sache — anscheinend BGH v. 18. 12. 51 — I ZR 86/51 — VRS 1952/198.

[213] BGH v. 18. 12. 51 — I ZR 86/51 — VRS 1952/198, (siehe auch DVZ 1952 Nr. 47 S. 9).

[214] **siehe Raiser S. 216 Anm. 2; auch Eichhorn S. 104.**

Auch gegenüber dem vom Auftraggeber verschiedenen Eigentümer schließt daher praktisch § 41a ADSp und der eingreifende Versicherungsschutz die Haftung des Spediteurs weitgehend aus. War das Gut mit Willen und Wissen des Eigentümers in den Speditionsverkehr gelangt bzw. durch einen amtlichen Verwalter dem Spediteur übergeben worden, so muß sich der Eigentümer nach Treu und Glauben auf die Haftung des Spediteurs nach den ADSp beschränken, anderenfalls verhilft § 991 Abs. 2 BGB dazu, sofern der Spediteur hinsichtlich seines Besitzrechtes gutgläubig ist. Eine Bösgläubigkeit des Spediteurs wird Ausnahme bleiben, so daß man sagen kann, daß grundsätzlich auch der Eigentümer ebenso wie der Auftraggeber in allen seinen Ansprüchen gegen den Spediteur den ADSp unterworfen ist. Letzterer kann sich mithin, soweit der Speditionsversicherungsschutz eingreift, auf seine Haftungsfreiheit nach § 41a ADSp berufen.

Auch der Zwischenspediteur tritt zumeist zum Auftraggeber seines Hauptspediteurs nicht in vertragliche Beziehungen, so daß insoweit die ADSp nicht vereinbart werden können. Sein Vertragspartner ist allein der Hauptspediteur, dem gegenüber die ADSp freilich Anwendung finden[215], soweit nur die sonstigen Voraussetzungen gegeben sind.

Denkbar wäre es zwar, daß der Hauptspediteur zugleich in Vertretung des Auftraggebers mit dem Zwischenspediteur abschließt, so daß dieser selbst Partner des Auftraggebers würde, womit auch in diesem Verhältnis die ADSp Geltung hätten. Die Annahme solcher Vereinbarungen wird sich jedoch selten treffen lassen, da es zumeist an solchen ausdrücklichen Abreden fehlt und die Erklärungen der Parteien daher nach § 157 BGB ausgelegt werden müssen. Dabei wird es sich dann regelmäßig ergeben, daß der Zwischenspediteur nur ein Interesse am Abschluß mit seinem unmittelbaren Vertragspartner, dem Hauptspediteur, hatte[216]. Möglich wäre es auch, daß der Vertrag des Hauptspediteurs mit dem Zwischenspediteur einen Vertrag zu Gunsten Dritter darstellt. In diesem Falle wie dann, wenn der Hauptspediteur als alleiniger Vertragspartner des Zwischenspediteurs gemäß § 52a ADSp seine ihm gegen den Zwischenspediteur zustehenden Ansprüche an den Auftraggeber abtritt, kann er dem Auftraggeber nie mehr Rechte verschaffen, als ihm selbst zustehen, also nur Ansprüche im Rahmen der ADSp[217].

Bestehen jedoch, wie meistens, zwischen Auftraggeber und Zwischenspediteur keine vertraglichen Beziehungen, so können — abgesehen von den eben erwähnten gemäß § 52a ADSp abzutretenden Ansprüchen, die sich dann auch nur im Rahmen der ADSp halten — dem Auftraggeber nur außervertragliche Ansprüche, wie z. B. aus unerlaubter Handlung oder Eigentum usw., zustehen.

---

[215] Krien § 2 ADSp; ders. DVZ 1948 Nr. 22 S. 5.
[216] Krien VRS 1951 S. 231.
[217] LG Hannover v. 28. 12. 49 — 6 OH 341/49 — VRS 1950/155.

Auch diese Ansprüche sind der Regelung der ADSp unterworfen[218]. Die Anwendbarkeit der ADSp leitet sich aus dem Hauptspeditionsvertrage her. Der Hauptspediteur darf sich nämlich nach § 52a ADSp — und § 407 HGB — eines Zwischenspediteurs, der die Erledigung eines Teiles der Aufgaben des Hauptspediteurs übernimmt, bedienen[219], indem das Einverständnis des Auftraggebers zu dieser Beauftragung nach der Regelung der ADSp unterstellt wird[220], soweit nicht gerade die Interessen des Auftraggebers einer solchen Beauftragung entgegenstehen oder der Auftraggeber es ausdrücklich verboten hat[221]. Nimmt also der Hauptspediteur auf Weisung oder kraft seiner Ermächtigung nach den ADSp die Dienste eines Zwischenspediteurs in Anspruch, so muß der Auftraggeber auch damit rechnen, daß dieser Zwischenspediteur nach Geschäftsbedingungen arbeitet, sofern diese verkehrsüblich sind, was wiederum für die ADSp zutrifft. Dieses wird in § 2d ADSp noch einmal ausdrücklich klargestellt[222], wonach die Bedingungen der an der Ausführung des Verkehrsvertrages beteiligten Dritten ebenfalls Anwendung finden. Es besteht also eine ähnliche Lage wie im Verhältnis des vertragsfremden Eigentümers zum Spediteur, nur daß hier eine Vertragsbestimmung, nämlich § 2d ADSp, den Auftraggeber an die Geschäftsbedingungen des Zwischenspediteurs bindet.

Daher kann sich auch der Zwischenspediteur gegenüber dem Auftraggeber, der nicht sein Vertragspartner ist, auf die ADSp berufen. Soweit dann der Versicherungsschutz eingreift, ist er gemäß § 41a ADSp haftungsfrei[223].

Läßt der Wortlaut des § 41a ADSp dieses Ergebnis auch nicht klar erkennen, so ergibt es sich jedoch einwandfrei aus dem Zusammenhang der Regelung der ADSp mit dem SVS[224].

Nach den Vorschriften des SVS erfolgt nun die versicherungsmäßige Deckung von Schäden im Bereiche des Zwischenspediteurs nicht über dessen Police, sondern über die des Hauptspediteurs. Dies hindert jedoch nicht, eine Freizeichnung nach § 41a ADSp bejahen zu können. Diese versicherungstechnische Maßnahme, die eine durch-

[218] LG Braunschweig v. 24. 8. 50 — 8 T 109/50 —; LG Braunschweig v. 28. 12. 50 — 4 O 35/50 —; LG Nürnberg-Fürth v. 17. 1. 51 — 5 S 317/50 — NJW 1951/805; LG Nürnberg-Fürth v. 23. 7. 52 — 3 O 393/51 —; Gessler-Hefermehl § 407 HGB Anm. 26; A. A. ohne Begründung Düringer-Hachenburg-Lehmann Vorbem. § 407 HGB Anm. 19.

[219] LG Nürnberg-Fürth v. 23. 7. 52 — 3 O 393/51 —; Krien § 52 ADSp Anm. 2; Schwartz § 52 ADSp Anm. 1; Staub-Gadow § 408 HGB Anm. 1.

[220] LG Nürnberg-Fürth v. 17. 1. 51 — 5 S 317/50 — NJW 1951/805.

[221] Krien § 52 ADSp Anm. 4.

[222] Gessler-Hefermehl § 407 HGB Anm. 26; Isaac § 2 ADSp Anm. F 1 b; Weller S. 89.

[223] KG v. 4/5. 4. 51 — 7 U 3831/49 — VRS 1951/228; LG Braunschweig v. 24. 8. 50 — 8 T 109/50 —; LG Braunschweig v. 28. 12. 50 — 4 O 35/50; LG Nürnberg-Fürth v. 17. 1. 51 — 5 S 317/50 — NJW 1951/805; DVZ-Lexikon „Deckung des SVS/RVS“ S. 107; Krien § 41 ADSp Anm. 1 u. 5.

[224] Schmid-Lossberg DVZ 1948 Nr. 70 S. 5.

laufende Deckung aller Schäden aus der Spedition des Gutes ermöglichen soll, ohne daß der Auftraggeber jedesmal erneuten Versicherungsschutz benötigt, ist gerade zu einer Besserstellung des Auftraggebers getroffen worden. Sie soll es dem Auftraggeber ersparen, mehrfach eine SVS-Prämie zahlen zu müssen und im Schadensfalle Nachforschungen darüber anstellen zu müssen, in wessen Bereich sich das schädigende Ereignis abgespielt hat.

Da es sich um ein und dieselben Speditionsversicherer für Haupt- und Zwischenspediteur handelt, war es möglich, die Regelung so zu gestalten, daß sich die Schadensabwicklung über die Police des Hauptspediteurs regelt. Keineswegs wollte man aber damit dem Zwischenspediteur die Möglichkeit nehmen, sich auf seine Freizeichnungsklausel § 41 a ADSp berufen zu können[225].

Mithin ist auch ein Schaden, der durch Verschulden des Zwischenspediteurs entsteht, soweit er sonst im Rahmen des SVS liegt, ein nach § 41 a ADSp gedeckter Schaden. Insoweit ist der Spediteur und auch der Zwischenspediteur von seiner Haftung befreit.

Für das Verhältnis des Zwischenspediteurs zu dem vom Auftraggeber verschiedenen Eigentümer des Gutes kann unter Berücksichtigung des bisher Ausgeführten nichts anderes gelten.

Ein gleiches gilt für den seltenen[226] Fall des Unterspediteurs. Auf seine Abgrenzung zum Zwischenspediteur braucht hier nicht eingegangen zu werden, da beide hinsichtlich der ADSp einer gleichen Regelung unterworfen sind. Wird der Unterspediteur nicht Vertragspartner des Auftraggebers, so finden die ADSp entsprechend den §§ 52 a sowie 2 d ADSp auch gegenüber dem Auftraggeber Anwendung. Da aber nach § 52 a ADSp für den Bereich der ADSp der Unterspediteur einem Zwischenspediteur gleichgestellt ist[227], gilt für die Verschaffung und Regelung des Versicherungsschutzes das gleiche wie für den Zwischenspediteur.

Aber nicht nur dem Eigentümer oder dem Auftraggeber können Schäden bei der Ausführung des Verkehrsvertrages entstehen, sondern auch Dritte können einmal geschädigt sein. Es wird sich dann meist um den Empfänger der Sendung handeln, wenn auf ihn zwar die Gefahr gemäß § 447 BGB, aber noch nicht das Eigentum übergegangen ist. Dem trägt der SVS Rechnung, indem er auch diesen Dritten Versicherungsschutz gewährt. Fragen wir uns aber, ob der Spediteur dem Schadensersatz fordernden Dritten die ADSp entgegenhalten kann oder ob er trotz bestehenden Versicherungsschutzes persönlich haftet.

Diese Frage wird selten akut werden. Vertragliche Ansprüche stehen dem Dritten nur durch Abtretung bzw. Vertrag zu Gunsten Dritter und dann nur im Rahmen der ADSp zu. Es bleiben wiederum außervertragliche Ansprüche, die jedoch als Ansprüche auf Grund

---

225 Schmid-Lossberg DVZ 1948 Nr. 70 S. 5.
226 Krien § 52 ADSp Anm. 3.
227 siehe Senckpiehl DVZ 1948 Nr. 11 S. 6.

Verkehrsvertrages kaum denkbar sind. Schäden des Dritten werden meist im Wege der Drittschadensliquidation erledigt werden müssen, denn obwohl der Schaden (wegen § 447 BGB) beim Empfänger eingetreten ist, stehen die Ansprüche gegen den Spediteur nur dem Auftraggeber zu, der aber an die ADSp gebunden ist. Zur Vereinfachung der Lage gewährt § 1 SVS deshalb dem geschädigten Dritten einen direkten Anspruch gegen die Speditionsversicherer.

Daher werden sonstige Dritte gegen den Spediteur gewöhnlich keine Ansprüche außerhalb der ADSp erheben können, so daß die Freizeichnungsklausel und der eingreifende Versicherungsschutz auch insoweit praktisch werden. Im übrigen freilich, wenn die ADSp gegenüber dem am Vertrage unbeteiligten Dritten versagen sollten, findet zum Schutze des Spediteurs § 63 b ADSp Anwendung, welcher den Auftraggeber verpflichtet, den Spediteur von derartigen Ansprüchen zu befreien.

Die vertragliche Freizeichnung des Spediteurs nach § 41 a ADSp hat, wie wir gesehen haben, eine weitgehende praktische Folge. Sie wirkt nicht nur gegenüber dem Auftraggeber, sondern auch gegenüber dem Eigentümer des Gutes und sogar Dritten, am Gute Interessierten; sie begünstigt den Zwischen- und den Unterspediteur in gleichem Maße.

Auch auf außervertragliche Ansprüche findet daher, soweit nur überhaupt ein Verkehrsvertrag vorliegt, die Regelung der ADSp Anwendung, so daß der Spediteur bei Vorliegen eines Versicherungsschutzes sich auf seine Haftungsfreiheit berufen kann.

cc) Haben wir im bisherigen den Schaden, der aus einem Verkehrsvertrage entstehen kann, auf seine Deckung durch die Speditionsversicherung bei Vorliegen eines Vertragsverhältnisses untersucht, so müssen wir im folgenden Haftungseinschränkungen der Speditionsversicherer beachten, die gewisse Schäden innerhalb des Rahmens der Haftung der Speditionsversicherer für „alle Schäden, die auf Grund eines Verkehrsvertrages entstehen usw." vom Versicherungsschutz ausnehmen. Insoweit erlangt der Auftraggeber usw. keine Haftung der Versicherer. Hier können daher die Bestimmungen über die persönliche Haftung des Spediteurs, §§ 54 ff. ADSp, Bedeutung gewinnen. Prüfen wir also im einzelnen, wie sich diese Haftungsausschlüsse der Speditionsversicherer auf die Freizeichnung des Spediteurs nach § 41 a ADSp auswirken.

Wir hatten gesehen, daß ein gedeckter Schaden nur vorliegt, wenn die Speditionsversicherer das Risiko des Schadens übernommen haben. Schließen die Versicherer jedoch das Risiko von ihrer Haftung aus, so ist auch der Schaden nicht gedeckt und der Spediteur kann sich nicht auf seine Freizeichnung berufen.

So greift die Speditionsversicherung trotz der allgemeinen Haftung nach § 2 SVS nicht ein und deckt einen Schaden nicht, der durch eine Transport- oder Lagerversicherung bereits gedeckt wird § 5 Ziff. 1 A u. C SVS. Die Regelung ist durch die Neufassung des

SVS im Jahre 1942 etwas kompliziert geworden. Denn in den Fällen des § 5 Ziff. 1 B a—c, nämlich See- und Binnenschiffahrtsspedition, Transportleistung des Spediteurs durch Selbsteintritt als Güterfernverkehrsunternehmer nach KVO und bei Auslandstransporten und nach § 5 Ziff. 1 C SVS stets bei Lagerverträgen greift die Speditionsversicherung auch dann nicht ein, wenn üblicherweise ein Transportversicherungsschutz zu nehmen war und den Schaden auch gedeckt hätte. Die Frage, wann eine solche Versicherungsnahme üblich ist, ist eine Tatfrage und läßt sich nicht generell entscheiden[228]. Es wird besonders darauf ankommen, ob üblicherweise gerade eine Transport- oder Lagerversicherung zu nehmen war[229] und weiterhin, ob ein solcher Versicherungsschutz auch tatsächlich zu erhalten war[230]. Im übrigen, vor allem also im Binnenverkehr, der wohl die Mehrzahl der Fälle erfaßt, entfällt eine Haftung der Versicherer nur, wenn tatsächlich eine Transportversicherung genommen war und diese den Schaden auch deckt. Ist aber eine Haftpflicht der Transportversicherer begründet, so will die Speditionsversicherung für solche Schäden nicht aufkommen, die in den Bereich der Transportversicherung fallen, und das ist auch verständlich, denn es soll auf diese Weise vor allem eine Doppelversicherung vermieden werden. Weiterhin ist die Speditionsversicherung keine Versicherung der Substanz des Gutes, sondern eine Versicherung des Auftraggebers gegen Spediteurfehler[231] und daher stets einer Transportversicherung subsidiär, denn es ist nicht ihre Aufgabe, eine Transportversicherung zu ersetzen. Sie greift aber wieder ein, wenn die Transportversicherung auf Grund Verschuldens des Spediteurs versagt.

Hat nun die haftende Transportversicherung den Schaden bezahlt und will beim Spediteur Regreß nehmen nach § 67 VVG oder liegt der Fall so, daß üblicherweise eine Transportversicherung zu nehmen gewesen wäre, so daß die Speditionsversicherung entsprechend § 5 Ziff. 1 SVS frei ist, und nimmt jetzt der Auftraggeber den Spediteur in Anspruch, so fragt es sich, ob der Spediteur sich noch auf seine Freizeichnung nach § 41 a ADSp berufen kann oder, mit anderen Worten, ob der Schaden des Auftraggebers trotz § 5 SVS noch im Sinne von § 41 a ADSp gedeckt ist.

Dies sollte man als ganz selbstverständlich verneinen, da, wenn die Speditionsversicherung ihre Haftung für solche Fälle ausschließt, der Schaden nicht unter das Risiko der Speditionsversicherer fällt und daher auch kein gedeckter Schaden vorliegen kann[232]. Daß dies aber nicht so selbstverständlich ist, zeigt eine spätere Entscheidung

[228] DVZ-Lexikon „Üblichkeit der Transportversicherung" S. 132.
[229] Weller S. 53/54.
[230] Schiering S. 54; Schmidt VersR 1952/165.
[231] OLG Hamburg v. 3. 11. 31 — Bf III 409/31 — HRGZ 1932 A Sp. 168; Düringer - Hachenburg - Lehmann Vorbem. § 407 HGB Anm. 19; Staub - Gadow § 407 HGB Anm. 28; Beyer S. 39.
[232] Schwartz § 39 ADSp Anm. 1 a; Andler DVZ 1948 Nr. 19 S. 4; Beyer S. 53; Krien DVZ 1948 Nr. 17 S. 9; Neukirch S. 14.

des OLG Hamburg[233] sowie eine Flut von zustimmenden und ablehnenden Stellungnahmen. Das OLG sieht in der Bestimmung des gedeckten Schadens nach § 2 SVS eine abgeschlossene Regelung, wobei § 5 Ziff. 1 SVS nur die Aufgabe habe, eine Doppelversicherung zu vermeiden. Im übrigen sei dem Kunden ja ein Versicherungsschutz verschafft, wenn die Transportversicherung eingreife. Das OLG führt zur Begründung seiner Ansicht vor allem wirtschaftliche Gründe ins Feld. Der Spediteur sollte durch die Tatsache, daß eine Transportversicherung eingreife, nicht schlechter gestellt werden, als wenn dies nicht der Fall wäre, denn dann wäre der Spediteur haftungsfrei. Daher könne auch kein Ersatzanspruch auf den Transportversicherer gemäß § 67 VVG übergehen, denn dem Auftraggeber habe ein solcher auch nicht zugestanden.

Bis auf zustimmende Äußerungen von Hochgräber[234] und Hehnke[235], die im wesentlichen gleich argumentieren, fand diese Entscheidung einhellige Ablehnung[236]. In letzter Zeit hatte das LG Köln[237] Gelegenheit, nochmals auf diese Frage einzugehen. Seine Entscheidung setzt sich vor allem mit den Argumenten des OLG Hamburg auseinander.

Die Entscheidung dieser Frage hängt allein davon ab, welche Bedeutung den Haftungsausschlüssen in § 5 SVS zuzumessen ist. Der Wortlaut der Bestimmung spricht eindeutig von „ausgeschlossen von der Versicherung". Damit will die Speditionsversicherung feststellen, daß sie entgegen ihrer grundsätzlich übernommenen Verpflichtung in diesem Falle keinen Versicherungsschutz gewährt. Unter diesem Haftungsausschluß ist daher eine rechtsgestaltende Erklärung der Speditionsversicherer zu verstehen, daß der Schaden insoweit nicht unter den Deckungsschutz der Speditionsversicherer fällt[238]. Damit entfällt aber auch die anerkannte Grundlage der Leistungsfreiheit des Spediteurs in § 41 a ADSp, nämlich die Ersetzung der Haftung des Spediteurs durch die der Speditionsversicherung. Da also ein ausgeschlossener Schaden nicht unter das Risiko der Speditionsversicherer fällt, fehlt die weitere Voraussetzung für die Leistungsfreiheit des Spediteurs, nämlich die Deckung des Schadens durch die Speditionsversicherung. Auch wirtschaftliche Argumente können kein anderes Ergebnis rechtfertigen. Eine Auslegung der Bestimmung des § 41 a ADSp führt immer nur dazu, daß es im Sinne der Speditionsversicherung ist, nur einen Ausgleich für die weitgehende Freizeichnung des Spediteurs zu schaffen, nicht aber den Spe-

[233] OLG Hamburg v. 10. 1. 35 — Bf III 429/34 — JW 1935/1946.

[234] Hochgräber Neum ZfV 1935 S. 326, 353, 639.

[235] Hehnke Neum ZfV 1935/640.

[236] Baumbach-Duden § 415 HGB Anh. §§ 39 ff. ADSp Anm. 1 a; Krien § 41 ADSp Anm. 3; Becher NeumZfV 1935/387; Beyer S. 53; Martin NeumZfV 1935/474, 637; Renker S. 51; Schwartz JW 1935/1947.

[237] LG Köln v. 7. 1. 53 — 6 S 182/52 — VersR 1953/63 f.

[238] SVS-Schiedsgericht Hamburg v. 1. 3. 51 i. S. Hertling gegen Speditionsvers. VRS 1951/312 (314) = BB 1951/457 f.

diteur von jeglicher Haftung zu befreien[239]. Dies übersieht das OLG Hamburg aber, wenn es argumentiert, daß der Verband der Spediteure bei der Aufstellung der Freizeichnungsklausel auch diesen Fall im Auge gehabt habe und den Spediteur durch das Eingreifen einer Transportversicherung nicht schlechter stellen wollte. Gerade hier sollte die Haftung des Spediteurs nach den §§ 54 ff. ADSp Platz greifen. Wenn sich im übrigen mit dieser Frage, wenigstens teilweise, die §§ 35 ff. ADSp beschäftigen — ist der Spediteur Versicherungsnehmer der Transportversicherung, gilt § 37 c ADSp!! —, so kann man vollends sagen, daß hier nicht ein Problem der Freizeichnung nach § 41 a ADSp vorliegt. Vielmehr ist diese Vorsicht auf den vorliegenden Fall nicht anwendbar, da die Speditionsversicherung ihre Haftpflicht ausgeschlossen hat, so daß der Spediteur mangels eines durch die Speditionsversicherung gedeckten Schadens nicht von seiner Haftung befreit ist.

Auch die weiteren Haftungsausschlüsse tragen das gleiche Merkmal, daß sie einen nicht gedeckten Schaden darstellen, für den der Spediteur sich nicht auf seine Freizeichnung berufen kann.

Wichtig ist hier vor allem der Ausschluß der Haftung der Versicherer für Schäden aus üblichen Abreden. Diese wichtige Einschränkung bedarf näheren Eingehens.

Unübliche Abreden sind in § 5 Ziff. 2 SVS beispielhaft aufgezeigt wie Lieferfristabreden, wozu auch Zusagen von präziser Abfertigung gehören[240], Vereinbarungen von Vertragsstrafen, auch abstrakte Zahlungsversprechen[241] usw., also alles Abreden, die die Haftung des Spediteurs aus dem Speditionsvertrage in ungewöhnlichem Maße erweitern bzw. über die gesetzliche Haftpflicht des Spediteurs hinausgehen. Die Speditionsversicherer wollten es so verhindern, daß der Spediteur zu ihren Lasten seine Haftung derart erhöht, daß sie mit der allgemeinen Haftung aus dem Speditionsvertrage, die die Speditionsversicherer gemäß § 2 SVS übernehmen, nichts mehr zu tun hat[242].

Deshalb kann man aber nicht eine Abrede, die zwar nicht alltäglich ist, jedoch im übrigen die Haftung der Speditionsversicherer nicht erweitert, als unüblich bezeichnen. So hatte das OLG Hamburg[243] in einem schon zitierten[244] Urteil die Übernahme eines Gefälligkeitsauftrages als eine unübliche Abrede wegen deren Unentgeltlichkeit angesehen. Wenn auch der Spediteur üblicherweise nicht ohne Entgelt tätig wird, so liegt in einem solchen Falle dennoch keine un-

[239] LG Hamburg v. 5. 7. 51 — 28 O 42/51 —; SVS-Schiedsgericht Hamburg v. 1. 3. 51 i. S. Hertling gegen Speditionsvers. VRS 1951/312 (315).

[240] SVS-Schiedsgericht Hamburg DVZ 1950 Nr. 84 S. 1; SVS-Schiedsgericht Hamburg v. 19. 7. 51 i. S. Bremer-Hawaii gegen Speditionsvers.; Schmid-Lossberg DVZ 1949 Nr. 53 S. 4; DVZ 1950 Nr. 84 S. 1 „Spediteur und Lieferfrist".

[241] LG Hamburg v. 16. 11. 50 — 25 O 154/50.

[242] Düringer-Hachenburg-Lehmann § 407 HGB Vorbem. Anm. 19; Staff WuR 1930 Sp. 295 (306).

[243] OLG Hamburg v. 3. 6. 49 — 1 U 351/48 — VRS 1949/311 = BB 1950/203 f.

übliche Abrede im Sinne des § 5 Ziff. 2 SVS vor. Die Häufigkeit einer solchen Abrede hat damit nichts zu tun. Wie auch die übrigen Haftungsausschlüsse zeigen, sind diese Einschränkungen zum Schutze der Speditionsversicherer aufgenommen worden, um eine uferlose Haftbarmachung der Speditionsversicherer zu vermeiden. Daher kann als „unüblich" im Sinne des § 5 Ziff. 2 SVS nur ein solches Geschäft aufgefaßt werden, dessen ganzer Charakter durch seine Unüblichkeit die Versicherer zwingt, eine Haftungsübernahme wegen des zu hohen Risikos abzulehnen[245], wie es besonders gegeben wäre, wenn der Spediteur eine Haftung vereinbart, die die aus dem Gesetz übersteigen würde. Gerade dies ist aber bei einem unentgeltlichen Geschäft nicht der Fall. Die Tätigkeit des Spediteurs wäre, wenn sie entgeltlich erfolgte, hinsichtlich der vertraglichen Verpflichtungen des Spediteurs und der Belastung der Versicherer genauso zu beurteilen, nur daß man noch geneigt wäre, den unentgeltlich tätig werdenden Spediteur milder haften zu lassen. Das Gegenteil bewirkt aber die Ansicht des OLG Hamburg. Verzichtet der Spediteur auf ein Entgelt, so berührt das die Interessen der Speditionsversicherer, die einen Haftungsausschluß rechtfertigen könnten, nicht. Der Speditionsversicherung kann es daher gleichgültig sein, ob der Spediteur im Einzelfall ein Entgelt fordert und ob er es erhält.

Daher ist ein unentgeltliches Geschäft keineswegs als unübliche Abrede im Sinne des § 5 Ziff. 2 SVS anzusehen. Der Grundgedanke der Klausel § 5 Ziff. 2 SVS ist vielmehr der, daß die Haftung des Spediteurs nach dem Gesetze — denn insoweit wollen ja die Speditionsversicherer an die Stelle des Spediteurs treten — nicht durch unkontrollierbare und nicht vorhersehbare und damit der Prämienkalkulation unzugängliche Abreden so erhöht wird, daß Risiko und Prämie in keinem wirtschaftlich mehr vernünftigen Verhältnis zu einander stehen.

Unter diesem Gesichtspunkt dürfte einer weiteren Entscheidung des OLG Hamburg[246] zuzustimmen sein, die einen Schaden des Auftraggebers, der ihm durch Abweichung des Spediteurs vom vertraglich festgelegten Frachtsatz entstanden ist, nicht unter den Deckungsschutz des SVS fallen ließ.

Selten vorkommende, aber im üblichen Haftungsrahmen liegende Geschäfte und Abreden sind jedoch nicht unüblich im Sinne von § 5 Ziff. 2 SVS.

Weiterhin sind von der Haftpflicht der Speditionsversicherer ausgenommen solche Schäden, die durch Unterschlagung oder Veruntreuung des Gutes entstehen. Über die Auslegung dieser Begriffe sind Meinungsverschiedenheiten aufgetaucht, so daß auch hierauf eingegangen werden soll.

---

244 Anm. 119.

245 Krien ADSp § 5 SVS Anm. 5.

246 OLG Hamburg v. 6. 6. 52 — 1 U 309/51.

Ursprünglich enthielt der SVS eine solche Einschränkung nicht[247]. Sie wurde im Jahre 1930 als Folge eines Millionenschadens durch eine Veruntreuung eingefügt[248], weil insoweit das Risiko der Speditionsversicherer durch die Zunahme dieser Delikte zu hoch wurde. Dafür wurde aber eine erhöhte Haftung des Spediteurs nach § 54 Ziff. 1 ADSp an ihre Stelle gesetzt.

Dieser Haftungsausschluß kann sich, wie auch sein Gegenstück — § 54 — in den ADSp erweist, nur auf solche Fälle beziehen, in denen Leute des Spediteurs sich am Gute vergreifen[249].

Das starke Zunehmen von Delikten seitens der Arbeitnehmer in den dreißiger Jahren, einer Zeit größter Arbeitslosigkeit, bestimmte die Versicherer vor allem, ihre Haftung hier auszuschließen. Sie wollten für die konkret hohe Gefahr solcher Delikte, die gerade während der Arbeitszeit erst durch die Beschäftigung mit dem Gute bzw. durch eine Dispositionsbefugnis ermöglicht werden, nicht länger einstehen. Dies ist jedoch in besonderem Maße gegeben bei den strafrechtlichen Tatbeständen der Unterschlagung (§ 246 StGB) und der Untreue (§ 266 StGB). In diesem Sinne war seitens der Versicherer der Haftungsausschluß auch nur gemeint[250], und dieser Standpunkt wird auch heute noch aufrecht erhalten. Setzt eine Veruntreuung schon eine besondere rechtliche Stellung des Täters zum Gute voraus, die den Betreffenden zu einer besonderen Treue verpflichtet, so ergibt es sich, daß nur ein Angestellter sie unter Mißbrauch seiner Stellung, also hauptsächlich während der Dienstzeit, begehen kann. Dies gilt aber erst recht für Unterschlagungen. § 54 Ziff. 1 ADSp, der als Gegenvorschrift zum Haftungsausschluß in § 5 Ziff. 3 SVS zu werten ist, läßt ein gleiches erkennen. Eine Unterschlagung setzt begrifflich einen Alleingewahrsam des Täters jedenfalls insoweit voraus, als kein fremder Gewahrsam gebrochen werden darf. Daß eine solche Möglichkeit ausgenutzt wird, liegt leider oft nahe. Aus dieser erhöhten Gefahr für das Speditionsgut rechtfertigt sich die Ausschlußbestimmung. Es ist freilich oft schwer zu beurteilen, wann eine für die Versicherer befreiend wirkende Unterschlagung und wann ein unter die Haftpflicht fallender Diebstahl — wobei eine Haftung des Spediteurs nach dem Gesetz gegeben sein mußte — vorliegen wird. Es wird dabei stets auf die Umstände des Falles ankommen[251].

Unrichtig ist jedoch das Urteil des OLG Frankfurt/M.[252], das diese Grenzen verwischen und alle Eigentumsdelikte von Leuten des Spediteurs unter diese Ausschlußklausel bringen wollte. Die Terminologie des SVS entspreche nicht der des StGB, daher bedeute Ver-

---

247 Krien § 54 ADSp Anm. 5 a.
248 siehe Reith S. 86.
249 DVZ-Lexikon „Unterschlagung" S. 134; Krien ADSp § 5 SVS Anm. 3.
250 Krien ADSp § 5 SVS Anm. 3.
251 DVZ-Lexikon „Unterschlagung" S. 134.
252 OLG Frankfurt/M. v. 8. 11. 51 — 1 U 194/50; ähnlich LG Frankfurt/M. v. 26. 5. 48 — 2/1 S 12/48.

untreuung nach § 5 Ziff. 3 SVS nicht nur Untreue nach § 266 StGB. Es sei also die Annahme nicht berechtigt, in der Ausschlußklausel eine Beschränkung auf die strafrechtlichen Tatbestände der §§ 246, 266 StGB zu erblicken. Vielmehr erfasse eine Veruntreuung im Sinne des § 5 Ziff. 3 SVS auch Diebstähle von Leuten des Spediteurs. Das OLG sieht den Gesichtspunkt als entscheidend für seine Annahme an, daß Unterschlagung und Untreue, die irgendeine erlaubte Herrschaftsmacht bzw. Verfügungsgewalt des Täters voraussetzen, in ihren Folgen nicht schwerwiegender sein können als ein Diebstahl der gleichen Leute, die ihn oft gerade erst durch die sich bei ihrer Beschäftigung ergebenden Möglichkeiten, an das Gut heranzukommen, ausführen konnten. Führe eine Unterschlagung und eine Untreue der Leute des Spediteurs zu einem Haftungsausschluß, so erst recht der Diebstahl von Leuten des Spediteurs.

Dies ist jedoch gar nicht zutreffend. Solche Erwägungen leiteten die Speditionsversicherer nicht, als sie ihre Haftung in § 5 Ziff. 3 ausschlossen, sondern, wie schon ausgeführt, vielmehr die hohe Gefahr, die sich gerade aus der Ausnutzung oder dem Mißbrauch einer vorhandenen gewissen Herrschaftsmacht durch Leute des Spediteurs ergibt. Dies ist aber bei Diebstählen weniger der Fall, denn sie verlangen den Bruch fremden Gewahrsams. Es muß also ein fremder Gewahrsam, so des Spediteurs oder eines Beaufsichtigenden, vorhanden gewesen sein. In solchen Fällen ist es für den Arbeitnehmer erheblich schwieriger, sich am Gute zu vergreifen. Hat also der Spediteur selbst Gewahrsam am Gute, so ist die Gefahr von Übergriffen seitens seiner Leute nicht erheblicher, als von seiten Außenstehender. Auch nach dem Sprachgebrauch, der für eine Auslegung maßgeblich werden kann[253], ist jedenfalls ein Diebstahl nicht mit einer Veruntreuung in Einklang zu bringen.

Die Auslegung der Ausschlußklausel § 5 Ziff. 3 SVS kann daher nur die Beschränkung auf die strafrechtlichen Tatbestände der Unterschlagung (§ 246 StGB) und der Untreue (§ 266 StGB) ergeben.

Auch die weiteren Vorschriften des § 5 SVS, die Haftungsausschlüsse enthalten, wie für Schäden aus unterlassener Bearbeitung des Gutes, Personenschäden sowie Kriegs- und Aufruhrschäden, stehen alle unter dem Gesichtspunkt, dem Versicherer kein allzu hohes Risiko aufzubürden[254] und die Versicherer nicht für die dem Speditionsgewerbe zu fremden Auswirkungen eines Handelns des Spediteurs haften zu lassen. Dabei ist davon auszugehen, daß hier nur Schäden gemeint sein können, die durch ein Verschulden des Spediteurs entstanden sind[255], sonst wäre ja ohnehin eine Haftung der Speditionsversicherer nach § 2 Ziff. 1 SVS nicht gegeben und eine

---

[253] Prölss VVG Vorbem. S. 16.

[254] DVZ-Lexikon „Unterschlagung“ S. 134; Krien ADSp § 5 SVS Anm. 3.

[255] LG Hamburg v. 16. 11. 50 — 25 S 69/50; SVS-Schiedsgericht Hamburg v. 26. 5. 50 in DVZ 1950 Nr. 55 S. 1; Roesch NJW 1952/962 (963); DVZ 1950 Nr. 55 S. 1 „Speditionsversicherung und Beschlagnahmerisiko“.

ausdrückliche Aufzählung in § 5 eine überflüssige Wiederholung. Das gilt offensichtlich für die bisher behandelten Fälle, aber auch zum Beispiel für Personenschäden, für die der Spediteur u. U. gemäß §§ 823, 831 BGB einzustehen hätte und die damit unter die Haftpflicht der Speditionsversicherer fallen würden, wenn nicht § 5 Ziff. 3 SVS sie von der Haftpflicht der Versicherer ausschlösse. Die Hauptbedeutung dieses Ausschlusses ist es wohl, daß ein für alle Male festgestellt werden sollte, daß solche Schäden stets aus der Haftpflicht der Versicherer ausgenommen sein sollen, ohne daß erst geprüft werden muß, ob nun wirklich ein speditionelles Verschulden vorliegt, was gerade in solchen Fällen oft schwerlich zu beweisen sein wird.

Ein wichtiger Haftungsausschluß, nämlich in Ziff. 6 für Beschlagnahmeschäden, soll hier abschließend noch eingehender behandelt werden. Wie schon eingangs erwähnt, hat die Ausschlußklausel nur noch Bedeutung für vom Spediteur verschuldete Beschlagnahmen, da eine unverschuldete Beschlagnahme vom Spediteur nach dem Gesetz nicht zu vertreten gewesen wäre und somit auch nicht unter die Haftung der Speditionsversicherer fallen konnte.

Hat aber der Spediteur die Beschlagnahme verschuldet, was im Einzelfall schwierig zu beurteilen sein wird[256], so ist jedenfalls eine Haftung der Speditionsversicherer ausgeschlossen nach dem klaren Wortlaut der Vorschrift. Damit ist aber eine Haftung des Spediteurs nach den ADSp begründet, denn, da die Versicherer ihr Risiko ausgeschlossen haben, liegt eine Deckung im Sinne des § 41 a ADSp nicht vor[257]. Dies wird in einem Aufsatz in der Deutschen Verkehrs-Zeitung übersehen[258]. Es heißt dort, es sei eine merkwürdige Unlogik, wenn man, nachdem man den Spediteur befreit und die Haftung auf die Speditionsversicherer übertragen habe, bei Beschlagnahmeschäden den Spediteur gemäß § 54 ADSp in Anspruch nehmen wolle. Diese Ausführungen verkennen den Begriff des gedeckten Schadens. Mangels einer Risikotragung durch die Speditionsversicherer verbleibt die Haftung des Spediteurs, so daß er im Rahmen der ADSp für solche Schäden aufzukommen hat. Den Spediteur trotz § 5 SVS für Schäden nach § 41 a ADSp zu befreien, widerspricht dem Grundgedanken der ADSp — Ersatz der Spediteurhaftung durch Versicherungsschutz — und würde entschieden zu weit gehen. Die Haftung des Spediteurs wird vielmehr davon abhängen, inwieweit ihm ein Vorwurf gemacht werden kann[259].

Bei der Vielfalt der heutzutage erforderlichen Dokumente und der ständig wechselnden Vorschriften und oft erfolgenden willkür-

---

[256] Wagner WiCo 1953 Nr. 38 S. 22; Storke DVZ 1953 Nr. 81 S. 5; DVZ 1952 Nr. 68 S. 1/2 „Spediteurfehler im Warenbegleitschein"; DVZ 1952 Nr. 93 S. 7 „Warenbegleitscheine und Spediteurfehler".

[257] LG Hamburg v. 5. 7. 51 — 28 O 42/51; Wagner WiCo 1953 Nr. 38 S. 22.

[258] DVZ 1952 Nr. 68 S. 1/2 „Spediteurfehler im Warenbegleitschein".

[259] DVZ 1952 Nr. 67 S. 5 „Warenbegleitscheine und Beschlagnahme"; DVZ 1952 Nr. 68 S. 1 „Spediteurfehler im Warenbegleitschein"; DVZ 1952 Nr. 93 S. 7 „Warenbegleitscheine und Spediteurfehler".

lichen Beschlagnahmen darf man jedenfalls die Anforderungen an die Sorgfaltspflicht des Spediteurs nicht überspannen[260]. In diesem Zusammenhang sei noch auf § 30b ADSp verwiesen, der in sinngemäßer Auslegung einen großen Teil der Verantwortung für die Papiere dem Auftraggeber aufbürdet[261]. Dennoch hat der Umfang der Haftungsausschlußklausel zu verschiedenen Ansichten geführt. Das LG Hamburg[262] meint z. B., daß Schäden, die zwar auch auf eine Beschlagnahme zurückzuführen seien, aber durch eine rechtzeitige Beschwerdeeinlegung bei der beschlagnahmenden oder deren übergeordneten Stelle hätte vermieden werden können, keine Beschlagnahmeschäden im Sinne von § 5 Ziff. 6 SVS seien. Dem kann nicht gefolgt werden. Abgesehen davon, daß auch, wenn man die Ansicht des LG teilt, kaum eine Haftpflicht der Versicherer eintreten wird, da sich ein solcher besonderer Umstand, wie die auf eine rechtzeitige Beschwerde erfolgende Freigabe, fast nie beweisen läßt, muß man respektieren, daß die Versicherer jeglichen Schaden aus einer Beschlagnahme von ihrer Haftpflicht ausschließen wollten. Dabei kam es, wie schon erwähnt, vor allem darauf an, solche schwierigen und zu keinem sicheren Ergebnis führenden Untersuchungen zu vermeiden und nicht ein Risiko tragen zu müssen, das sich, zumindest in der heutigen Zeit, in Art und Umfang nicht so absehen läßt[263], daß es von den Speditionsversicherern bei der niedrigen Prämie im SVS getragen werden könnte[264]. Nur so kann die Ausschlußklausel sinnvoll gedeutet werden. Es fallen also jegliche Beschlagnahmeschäden im weitesten Sinne unter die Ausschlußklausel des § 5 Ziff. 6 SVS[265].

Alle Haftungsausschlüsse haben es gemeinsam, daß sie besondere Risiken betreffen, für die den Speditionsversicherern eine Haftung wegen einer bereits vorhandenen anderen Versicherungsdeckung bzw. üblichen Deckung oder wegen eines überhöhten Risikos eine Haftung nicht zugemutet werden kann. „§ 5 SVS will vielmehr unabhängig davon, ob sich der Ausschluß der Versicherung nicht schon aus den vorhergehenden Bestimmungen ergibt, überwiegend rechtsgestaltend klarstellen, für welche Schäden die Speditionsversicherer in Abweichung der in den vorausgehenden §§ aufgestellten Grund-

---

[260] LG Wuppertal v. 19. 5. 53 — 8a O 29/53; zu weitgehend: Roesch NJW 1952/963; Jochmann NJW 1952/1243.

[261] Senckpiehl DVZ 1952 Nr. 15 S. 8 u. 10.

[262] LG Hamburg v. 16. 11. 50 — 25 S 69/50.

[263] Wagner WiCo 1953 Nr. 38 S. 22.

[264] SVS-Schiedsgericht Berlin v. 4. 7. 52 i. S. Beyersdorf u. Co. gegen Speditionsvers.; SVS-Schiedsgericht Hamburg v. 26. 5. 50 in DVZ 1950 Nr. 55 S. 1; Senckpiehl DVZ 1950 Nr. 71 S. 6; Starke DVZ 1952 Nr. 41 S. 10.

[265] AG Berlin-Neukölln v. 30. 3. 50 — 6 C 1335/49 — DVZ 1950 Nr. 48 S. 7; SVS-Schiedsgericht Berlin v. 4. 7. 52 i. S. Beyersdorf u. Co. gegen Speditionsvers.; DVZ-Lexikon „Beschlagnahmeschaden“ S. 106; DVZ 1950 Nr. 48 S. 7 „Beschlagnahmeschaden“.

sätzen trotz eines Verschuldens des Spediteurs nicht eintreten"[266]. Diese Haftungsausschlüsse beschränken das Risiko der Speditionsversicherer und schließen damit eine Deckung des Schadens durch die Versicherung aus[267]. Liegt aber ein gedeckter Schaden im Sinne des § 41 a ADSp nicht vor, so kann sich der Spediteur nicht auf seine Haftungsbefreiung berufen[268].

dd) Wir haben bisher untersucht, was in umfänglicher Hinsicht unter einem gedeckten Schaden zu verstehen ist, um hieraus die Abgrenzung der Freizeichnungsmöglichkeit des Spediteurs entnehmen zu können. Dabei haben wir gesehen, daß ein gedeckter Schaden nach § 41 a ADSp grundsätzlich dann vorliegt, wenn auf Grund eines Verkehrsvertrages im Sinne des § 2 a ADSp und § 2 SVS dem Auftraggeber oder — abgesehen vom Falle der Bösgläubigkeit des Spediteurs nach § 991 Abs. 2 BGB — dem vertragsfremden Eigentümer des Gutes Schäden entstehen, die der Spediteur nach den gesetzlichen Bestimmungen zu vertreten hätte. Insoweit kann sich der Spediteur auf seine Freizeichnung nach § 41 a ADSp berufen.

Weitere Dritte brauchen sich freilich die Freizeichnung nach den ADSp nicht entgegenhalten zu lassen, sofern sie ihre Ansprüche nicht vom Auftraggeber durch Abtretung erworben haben, da das Erfordernis einer vertraglichen Vereinbarung fehlt und andere Umstände die Anwendung der ADSp nicht ermöglichen.

Sind grundsätzlich alle oben erwähnten Schäden aus der Ausführung eines Verkehrsvertrages gedeckte Schäden, so wird in § 5 SVS eine Einschränkung getroffen, die als echter Haftungsausschluß — Risikoausschluß — die Deckung des Schadens hindert, so daß hier eine Freizeichnung des Spediteurs entfällt.

Ein gedeckter Schaden im Sinne von § 41 a ADSp ist mithin jeder Schaden auf Grund eines Verkehrsvertrages des Auftraggebers und des dritten Eigentümers unter Ausschluß der besonderen Fälle des § 5 SVS.

§ 5 SVS enthält also eine Begrenzung der Freizeichnung des Spediteurs nach § 41 a ADSp.

b) Haben wir den Begriff des gedeckten Schadens hinsichtlich seines Umfanges als Schadensereignis aus einem Verkehrsvertrage umreißen und definieren können, so ist nun noch der Umstand in Betracht zu ziehen, daß auch die Speditionsversicherer für die Schäden, die sie zu ersetzen den Spediteuren abgenommen haben, mitunter nicht in voller Höhe aufzukommen haben.

Es handelt sich hier um die Auswirkung von Haftungshöchstsummen nach dem SVS, Minderung der Haftpflicht der Speditionsversicherer durch Unterversicherung oder schuldhafte Verletzung von Obliegenheiten nach den Bedingungen des Versicherungsver-

---

[266] SVS-Schiedsgericht Hamburg v. 1. 3. 51 i. S. Hertling gegen Speditionsvers. VRS 1951/312 (314) = BB 1951/457 f.

[267] SVS-Schiedsgericht Hamburg wie Anm. [266], S. 315.

[268] LG Hamburg v. 5. 7. 51 — 28 O 42/51.

trages durch den Auftraggeber und um den Entfall der Ersatzleistung der Versicherer oder ihre Beeinträchtigung aus sonstigen Gründen, wie Währungsumstellung, verbunden mit einer Abwertung der Verbindlichkeiten, Kriegsereignisse oder Konkurs eines beteiligten Versicherers.

Diese Fälle haben es gemeinsam, daß der Versicherte nicht oder nicht voll entschädigt wird, ohne daß allerdings die Risikoübernahme durch die Speditionsversicherung berührt wird. Es ist also zu fragen, ob ein gedeckter Schaden begrifflich weiterhin eine volle, bis auf den letzten Pfennig erfolgende Regulierung erfordert, ob also nicht allein die Übernahme des Risikos schon die Deckung des Schadens ausmacht, sondern eine volle Entschädigung des Versicherten hinzutreten muß[269].

aa) ADSp und SVS sehen einen gedeckten Schaden stets dann als gegeben an, wenn die Speditionsversicherer nach dem SVS das Risiko für Schäden auf Grund eines Verkehrsvertrages übernehmen[270]. Das System der Freizeichnung nach den ADSp geht gerade davon aus, die Haftung des Spediteurs durch die der Speditionsversicherer völlig zu ersetzen. Grundsätzlich haftet der Spediteur, wenn überhaupt, gemäß den ADSp beschränkt nach den §§ 54 ff. ADSp auf sehr geringe Ersatzbeträge. Die Haftung der Versicherer soll dagegen dem Auftraggeber gegen eine geringfügige Prämie einen Versicherungsschutz in Höhe der gesetzlichen Haftung des Spediteurs bieten. Es wäre widersinnig, den Spediteur bei Eingreifen eines Versicherungsschutzes nebenher ebenfalls haften zu lassen. Damit würde die Haftungsbefreiung des Spediteurs illusorisch.

Theoretisch würde nämlich mit der Versicherungsleistung der Speditionsversicherer gemäß § 67 VVG der Anspruch des Versicherten in Höhe der Zahlung auf die Versicherer übergehen. Da aber der Spediteur grundsätzlich nur beschränkt haftet, die Versicherungsleistung stets die beschränkte Spediteurhaftung übersteigt[271], würde also der Anspruch des Versicherten restlos erschöpft sein, womit eine weitere Geltendmachung von Ansprüchen gegen den Spediteur sich von selbst verbietet.

Außerdem ist der Spediteur verpflichtet, den Versicherern in Form einer Schadensbeteiligung von mindestens 10 % einen gewissen Betrag ihrer Leistung zu ersetzen — § 14 SVS —. Würde man davon ausgehen, daß der Spediteur für weitere Beträge dem Versicherten selbst haftet, so könnte mitunter der Spediteur mehr leisten müssen, als wenn er es mit einem Verbotskunden zu tun gehabt hätte, der auf einen Versicherungsschutz verzichtete. Dies würde eine Haftung über die ADSp hinaus bedeuten, die aber nur gemäß besonderer Ab-

[269] so z. B. Weller S. 56; Eichhorn S. 121; Koehler LZ 1927 Sp. 1450 (1456); Reuver JW 1929/2802; Schiering S. 45.

[270] LG Wuppertal v. 11. 10. 51 — 7 S 14/51; siehe bei Hartleb DVZ 1952 Nr. 9 S. 4.

[271] Reith S. 26; Senckpiehl ZHR 1929/300 (302).

rede nach § 51c ADSp möglich ist. Daher kann die Freizeichnung des Spediteurs nur eine völlige und die Risikoübernahme der Speditionsversicherer eine vollständige sein[272].

Dies zeigt auch eine Betrachtung der einzelnen, in Frage kommenden Bestimmungen. Die Speditionsversicherer ersetzen grundsätzlich gemäß § 3 Ziff. 2 SVS den vollen Schaden des Auftraggebers usw. im Rahmen der gesetzlichen Haftung des Spediteurs ohne Berücksichtigung der ADSp. Sie haben aber gewisse Höchstgrenzen für ihre Ersatzpflicht aufgestellt.

Eine summenmäßige Einschränkung ergibt sich durch die Haftungshöchstsummen nach § 9 SVS. Sie liegen beachtlich hoch; grundsätzlich haften die Speditionsversicherer bis zu einer Versicherungssumme von DM 400 000,—, sonst für einige Sonderfälle bis zu DM 75 000,— oder DM 25 000,—. Diese Höchstsummen werden nur selten erreicht. Sie sollen vor allem eine übermäßige Inanspruchnahme der Versicherer verhindern und damit ihre Leistungskraft zu erhalten suchen. Die Bedeutung der Haftungshöchstsummen ist übrigens gering. Sie ergibt sich vor allem für Katastrophenfälle. Zur Sicherstellung einer umfassenden Schadensregulierung ist es dann unbedingt erforderlich, daß das Kapital der Versicherer nicht restlos zur Regulierung eines Schadens verbraucht wird. Die Einschränkung erfolgte also im Interesse des Gemeinwohls. Wenn man aber bedenkt, daß kaum ein Spediteur jemals in der Lage sein wird, solche Beträge zu ersetzen, ohne selbst ruiniert zu werden[273], kann in dieser Begrenzung keine untragbare Belastung des Versicherten gesehen werden[274]. Hier wird nicht das Risiko eines Schadens von der Versicherung ausgeschlossen, denn gemäß § 2 Ziff. 1 SVS wird die Ersatzpflicht für alle Schäden auf Grund eines Verkehrsvertrages voll durch die Speditionsversicherer übernommen, und zwar im Gegensatz zur Haftung des Spediteurs nach den ADSp in voller gesetzlicher Höhe. Da Deckung des Schadens aber, wie wir gesehen haben, nicht vollständige Bezahlung, sondern Übernahme eines Risikos[275] bedeutet, ist der Spediteur bereits befreit mit dem Moment, in dem die Haftpflicht der Versicherer beginnt. Daß bei ihrer Konkretisierung durch den Schadensfall dem Versicherungsanspruch gewisse Höchstgrenzen gesetzt sind, kann dann die Leistungsfreiheit des Spediteurs nicht beeinträchtigen[276]. Vom Auftraggeber wird hier verlangt, daß er angesichts der besonders hohen Gefahr, wenn er überhaupt Ersatz haben will, mit dem Spediteur auch besondere Vereinbarungen zu treffen oder einen weiteren Versicherungsschutz einzugehen hat[277].

---

272 Senckpiehl ZHR 1929/300 (301).

273 Andler DVZ 1948 Nr. 19 S. 4; Beyer S. 80; Schiering S. 63; Schmid-Lossberg DVZ 1949 Nr. 38 S. 4; Weller S. 48.

274 Mälzig DRZ 1950/103 (104); Schiering S. 63.

275 siehe auch OLG Celle v. 18. 1. 52 — 2 U 186/51.

276 Krien § 41 ADSp Anm. 4; anderer Ansicht ohne Begründung: Gadow in RGR-Komm. § 407 HGB Anm. 28; v. Gierke S. 483.

277 Beyer S. 80.

Der Spediteur selbst ist jedoch grundsätzlich gemäß § 41a ADSp haftungsfrei.

Entscheidend ist daher allein, daß das Risiko als solches übernommen wurde und versicherungsmäßig gedeckt ist[278].

Selbstverständlich ist weiterhin die Haftpflicht der Speditionsversicherer durch die Höhe der Versicherungssumme begrenzt. Der im SVS festgelegte Vertrag ist ein Versicherungsvertrag, daher bestimmt sich die Haftung der Versicherer nach den vertraglichen Vereinbarungen unter Wahrung der versicherungsrechtlichen Eigentümlichkeiten. Die Versicherungssumme ist nun vom Auftraggeber festzusetzen[279], so bestimmt § 6 SVS, denn der Spediteur wird oft gar nicht in der Lage sein — man denke an verschlossene Kisten — die Versicherungssumme, die sich nach dem Werte des Gutes bemißt, zu fixieren. Daher gewährt ihm § 6B Ziff. 2b SVS wohl das Recht, notfalls den Wert und damit die Versicherungssumme zu schätzen, um dem Auftraggeber entgegenzukommen, wobei aber Schäden, die aus einer zu geringen Versicherungssumme entstehen können, stets und ohne Rücksicht auf Verschulden des Spediteurs zu Lasten des Auftraggebers gehen[280]. Jedoch ist der Spediteur zur Schätzung keineswegs verpflichtet[281], denn er soll nicht mit den Folgen einer unterlassenen Angabe des Versicherungswertes belastet werden. Eine solche Schätzungspflicht ergibt sich auch nicht etwa aus der allgemeinen Sorgfaltspflicht des Spediteurs nach § 1 ADSp, denn § 6 SVS überträgt als Spezialbestimmung diese Aufgabe dem Auftraggeber[282]. Selbst wenn der angegebene Wert offensichtlich zu niedrig ist, besteht eine solche Schätzungspflicht nicht[283], denn der Auftraggeber kann ein Interesse daran haben, das Gut nicht voll zu versichern[284]. Es ist nicht Sache des Spediteurs, durch nicht interessegemäße Geschäftsführung einzugreifen — indem er zu hoch oder zu niedrig schätzt — und damit auf eigenes Risiko zu handeln.

Freilich kann sich der Spediteur zur Schätzung des Versicherungswertes besonders vertraglich verpflichten[285]. Eine Ersatzpflicht der Versicherer für einen Spediteurfehler bei der vertraglich übernommenen Schätzung entfiele wegen der Ungewöhnlichkeit der Vereinbarung, die eine Haftung des Spediteurs über den Rahmen der gesetzlichen Haftung hinaus mit sich bringen würde, gemäß § 5 Ziff. 2 SVS.

---

[278] OLG Celle v. 18. 1. 52 — 2 U 186/51; AG Duisburg v. 4. 3. 52 — 2 C 1232/51; DVZ 1953 Nr. 31 S. 2 „Monopoleinwand gegen ADSp unbegründet"; A.A. für § 9 SVS v. Gierke S. 482.

[279] LG Braunschweig v. 7. 3. 50 — 8 S 302/49; AG Hildesheim v. 8. 8. 51 — 12 C 322/50; DVZ 1948 Nr. 49 S. 5 „Unterversicherung im SVS".

[280] Beyer S. 24; Reith S. 69; Renker S. 38.

[281] DVZ-Lexikon „Niedrigerer Wert als DM 2500" S. 124.

[282] Krien § 41 ADSp Anm. 5; DVZ 1948 Nr. 49 S. 5 „Unterversicherung im SVS".

[283] DVZ 1948 Nr. 49 S. 5 „Unterversicherung im SVS".

[284] siehe Anm. [283].

[285] DVZ-Lexikon „Schätzung des Versicherungswertes" S. 129.

— Der Spediteur würde selbst beschränkt nach den §§ 54 ff. ADSp haften. —

Ist nun ein Schaden auf diese Weise nicht in voller Höhe von der Speditionsversicherung erfaßt, sondern liegt eine Unterversicherung vor, so haben die Versicherer den Schaden nur anteilig gemäß §§ 8 Ziff. 3 SVS, 59 VVG zu ersetzen. Auch hier haben die Versicherer das volle Risiko übernehmen wollen und dem Spediteur die Haftung vollends abgenommen. Da aber der Auftraggeber für die Erlangung eines ausreichenden Versicherungsschutzes nicht gesorgt hat, ist die Haftpflicht der Speditionsversicherer begrenzt. Hierfür kann dann der Spediteur nicht verantwortlich gemacht werden. Auch hier liegt daher keine Haftungsablehnung der Speditionsversicherer wie nach § 5 SVS vor, denn es besteht grundsätzlich für den Auftraggeber die Versicherungsmöglichkeit. Die verminderte Haftung hat also ihre Ursache nicht in einer Risikobegrenzung der Versicherer, sondern in der eigentümlichen Gestaltung des Versicherungsvertrages, bei der stets die Höhe der Haftung der Versicherer von der Bestimmung im Versicherungsvertrage abhängt.

Diese Erwägungen haben ihren Ausdruck in der Vorschrift des § 41 a Satz 2 ADSp gefunden, der die Leistungsfreiheit des Spediteurs auch für diesen Fall — ausgenommen, der Spediteur verpflichtete sich vertraglich zur Schätzung (unübliche Abrede § 5 Ziff. 2 SVS) und verletzte diese Pflicht schuldhaft — vorsieht. Diese Vorschrift ergibt ein wesentliches Argument dafür, daß es auf eine vollständige Entschädigung durch die Speditionsversicherer nicht ankommen kann, sondern daß ein gedeckter Schaden schon mit der Risikoübernahme durch die Speditionsversicherer vorliegt[286].

Weiterhin ersetzen die Speditionsversicherer den Schaden des Auftraggebers zwar im Rahmen der gesetzlichen Haftung des Spediteurs, sie haben aber nach § 8 Ziff. 2 SVS ihre Haftung summenmäßig auf den gemeinen Wert des Gutes, sonst den gemeinen Handelswert usw. begrenzt. In dieser Vorschrift liegt auch die Festsetzung eines Höchstbetrages, für welchen die Versicherer haften wollen, wobei dieser vom Wert des Gutes abhängig gemacht worden ist. Aber auch diese Begrenzung enthält keinen Risikoausschluß. Es gilt das gleiche, wie oben ausgeführt. Die Begrenzung dient vor allem der Erleichterung der Schadensberechnung, denn es mußte für alle möglichen Schadensereignisse ein einheitlicher Maßstab zur Berechnung der Entschädigungssumme gefunden werden. Hierzu dient der Wert des Gutes, da er ja auch die Grundlage für die Berechnung der Versicherungssumme und damit der Prämie ist. Somit ist diese Einschränkung lediglich als versicherungstechnische Maßnahme anzusehen, die im Interesse einer einheitlichen, schnellen und einfachen Schadensabwicklung liegt.

---

[286] OLG Celle v. 18. 1. 52 — 2 U 186/51; DVZ 1953 Nr. 31 S. 2 „Monopoleinwand gegen ADSp unbegründet".

Sie hat eine Parallele in der Haftung des Frachtführers nach § 430 HGB, des Verfrachters nach den §§ 658, 659 HGB und des Lagerhalters nach der Lagerscheinverordnung § 19. Auch der Spediteur haftet nach den §§ 54 ff. ADSp nach gleicher Maßgabe, so daß diese Begrenzung nichts Ungewöhnliches darstellt.

Somit kann durch diese summenmäßige Begrenzung der Haftung der Speditionsversicherer die Leistungsfreiheit des Spediteurs nach § 41 a ADSp ebenfalls nicht berührt werden[287].

Die die Haftung der Speditionsversicherer summenmäßig einschränkenden Bestimmungen des SVS haben alle nicht den Charakter von Risikoausschlüssen. Das Risiko, das die Speditionsversicherer tragen, umfaßt den gesamten Schaden aus einem Verkehrsvertrage außer den Sonderfällen des § 5 SVS. Die teilweise Festsetzung von Höchstgrenzen wird erzwungen durch die Wirtschaftlichkeit der Speditionsversicherung und die reibungslose Arbeitsmöglichkeit, die eine schnelle Bearbeitung der Schäden voraussetzt. Zudem sind gewöhnlich Schäden, die diese Grenzen übersteigen, nicht gegeben, so daß diese Beschränkungen meist nur theoretischen Wert haben. Sie werden jedenfalls zu den großen Seltenheiten gehören, so daß ihr Einfluß auf den Ersatzanspruch des Auftraggebers nicht überschätzt werden darf. Das Risiko der Unterversicherung liegt naturgemäß beim Versicherten, wie schon § 41 a Satz 2 ADSp erweist. Allen Fällen gemeinsam ist jedoch der Gedanke, daß der versicherungsmäßigen Deckung durch die summenmäßige Leistungsbegrenzung kein Abbruch getan wird, es sich vielmehr auch hier um gedeckte Schäden im Sinne des § 41 a ADSp handelt, für welche sich der Spediteur auf seine Freizeichnung berufen kann. Den ADSp/SVS liegt das Bestreben zugrunde, die Haftung des Spediteurs durch die der Versicherer zu ersetzen. Willigt der Auftraggeber daher in die Versicherung ein, so ist er auch mit dieser Regelung einverstanden, zumindest mußte er jedoch damit rechnen, so daß der Spediteur mit Recht sich auf seine Haftungsfreiheit berufen kann.

Summenmäßige Leistungsbegrenzungen der Speditionsversicherer beeinträchtigen daher die Freizeichnung des Spediteurs nicht[288].

bb) Eine summenmäßige Begrenzung der Ersatzleistung kann sich nicht nur aus den Bestimmungen des SVS, sondern auch durch sonstige Umstände ergeben.

Einer der wichtigsten Fälle ist hier die Umstellungsgesetzgebung nach den Währungsgesetzen von 1948. Da Schadensfälle aus dieser Zeit im allgemeinen abgeschlossen sein werden, hat diese Darstellung nur noch in ihrer Verallgemeinerung ein Interesse.

Der Versicherer ist nach § 49 VVG im Gegensatz zum gewöhnlichen Schadensersatzschuldner — nach § 249 BGB — nur zu einer Geldleistung, nicht jedoch zur Naturalrestitution verpflichtet. Geld-

---

[287] OLG Celle v. 18. 1. 52 — 2 U 186/51; LG Nürnberg-Fürth v. 17. 1. 51 — 5 S 317/50 — NJW 1951/805.

[288] Krien § 41 ADSp Anm. 4; Beyer S. 80; Heynen DVZ 1950 Nr. 59 S. 2.

schulden waren jedoch nach den §§ 13 und 16 des Umstellungsgesetzes im Verhältnis 1 : 10 abzuwerten, so daß die versicherten Auftraggeber nur einen Bruchteil ihres Schadens ersetzt bekamen. Dies nahm ein Landgericht[289] zum Anlaß, für den vorliegenden Fall eine mangelnde Deckung im Sinne des § 41 a ADSp anzunehmen. Es sieht im Gegensatz zu den sonstigen Leistungsbegrenzungen in summenmäßiger Hinsicht nach dem SVS, mit welchen der Auftraggeber rechnen mußte, hier einen Fall als gegeben an, der nicht im SVS vorgesehen und daher auch nicht in § 41 a ADSp geregelt sein konnte. Dies ist jedoch nicht zutreffend. Die Umstellungsgesetzgebung regelt die Schuldverhältnisse, in dem sie daran anknüpft, wie diese zur Zeit des Stichtages bestehen. Bestand zu dieser Zeit ein Anspruch auf Geldleistung, so unterlag er der Umstellung. War ein Schuldner von seiner Leistungspflicht befreit, so kann nicht durch die Umstellung die Leistungspflicht wieder aufleben. Selbst der Spediteur, der nach den §§ 54 ff. ADSp eindeutig auch nur zur Geldleistung verpflichtet ist[290], hätte nur einen abgewerteten Betrag[291] zu leisten gehabt, nur, daß dieser noch niedriger gewesen wäre. Hatte aber der Auftraggeber den Spediteur vorher aus seiner Haftung entlassen, so muß er die Folgen auch tragen. Der Spediteur war zur Zeit der Währungsreform bereits haftungsfrei und kann sich deshalb nach wie vor auf seine Freizeichnung gemäß § 41 a ADSp berufen. Für diesen gesetzlichen Eingriff durch eine Währungsumstellung kann der Spediteur nicht haftbar gemacht werden. Über ihren Wortlaut hinaus konnten die Umstellungsgesetze aber nicht in die Schuldverhältnisse eingreifen. Da nun die Haftungsfreiheit des Spediteurs in § 41 a ADSp nur von der Zeichnung des SVS und der damit verbundenen Risikoübernahme der Versicherer für Schäden auf Grund des Verkehrsvertrages abhängt, ist auch hier ein gedeckter Schaden gegeben, für den der Spediteur nicht haftet[292]. Die Umstellung und die damit verbundene Minderung der Ersatzleistung an den Auftraggeber kann daher die Freizeichnung des Spediteurs nach § 41 a ADSp nicht beseitigen[293].

Ganz selten können auch noch andere tatsächliche Umstände einmal eine volle Regulierung des Schadens hindern, wie z. B. der Konkurs eines Speditionsversicherers, dessen Anteil an der Ersatz-

---

[289] LG Nürnberg-Fürth v. 17. 1. 51 — 5 S 317/50 — NJW 1951/805.

[290] KG v. 4./5. 4. 51 — 7 U 3831/49 — VRS 1951/228 (231); LG Flensburg v. 28. 4. 49 — 2 O 86/48; Isaac § 58 ADSp Anm. 4; Krien § 54 ADSp Anm. 1 a.

[291] DVZ - Lexikon „Naturersatz" S. 123; Engelhardt DVZ 1948 Nr. 54 S. 4; Schmid-Lossberg DVZ 1948 Nr. 46 S. 3; DVZ 1949 Nr. 28 S. 4 „Die Versicherung des Gutes durch den Spediteur".

[292] OLG Celle v. 18. 1. 52 — 2 U 186/51; AG Hamburg v. 24. 1. 50 — 34 C 1552/49; AG Westerland v. 10. 11. 50 — C 487/49; Engelhard DVZ 1948 Nr. 54 S. 4; Heynen DVZ 1948 Nr. 50 S. 4; ders. DVZ 1950 Nr. 59 S. 2; Schmid-Lossberg DVZ 1948 Nr. 46 S. 3.

[293] LG Mannheim v. 16. 1. 50 — 1 OH 249/49; Senckpiehl DVZ 1950 Nr. 81 S. 4.

leistung dann ausfällt und von den übrigen Versicherern nicht getragen wird, oder eine kriegsbedingte Verhinderung der Versicherer.

Auch hier kann das Ergebnis kein anderes sein. Der Speditionsvertrag sieht nun einmal die Haftungsbefreiung mit der Zeichnung des SVS für alle Schäden vor, deren Risiko die Speditionsversicherung zu tragen übernimmt. Diese Haftungsübernahme wird auch nicht durch die Zahlungsunfähigkeit oder sonstige Behinderung der Versicherer hinfällig, sondern besteht rechtlich nach wir vor. Da jedoch allein die Haftungsübernahme die Voraussetzung für die Befreiung des Spediteurs ist, berührt eine mangelnde Zahlung der Versicherer insoweit die Haftungsfreiheit des Spediteurs nach § 41 a ADSp nicht[294]. Der Spediteur, der nach den ADSp gehalten ist, mit bestimmten Versicherern den Speditionsversicherungs-Vertrag abzuschließen, hat auf die Auswahl seiner Vertragspartner keinen Einfluß, zumal er nach den §§ 39 a, 41 c ADSp mit allen dort benannten Versicherern abschließen muß[295]. Somit kann ihm aber auch eine mangelnde Zahlungsfähigkeit, auch nicht unter dem Gesichtspunkt eines Auswahlverschuldens, zum Vorwurf gemacht werden[296]. Die Zahlungsunfähigkeit eines Speditionsversicherers, die wohl seit dem Bestehen der Speditionsversicherung erst einmal vorgekommen ist[297], kann daher die Freizeichnung des Spediteurs nach § 41 a ADSp nicht beeinträchtigen.

cc) Letztlich ist noch der Fall zu betrachten, daß infolge verspäteter Anmeldung des Schadens oder verspäteter Klageerhebung seitens des Auftraggebers nach § 10 SVS für die Speditionsversicherer Leistungsfreiheit eintritt. Auch hier wird die Freizeichnung des Spediteurs nicht berührt, denn der Fortfall der Entschädigungspflicht der Versicherer liegt ausschließlich im Verhältnis des Versicherten zu den Versicherern begründet.

Nach § 10 Ziff. 1 SVS ist die Leistungsfreiheit der Speditionsversicherer bei verspäteter Schadensanmeldung nämlich von einer Kenntnis des Auftraggebers vom Schadensfalle und weiterhin von einer schuldhaften Versäumung der 1 monatigen Anmeldefrist abhängig gemacht worden, während eine Versäumung der Klagefrist — 1 Jahr ab Schadensanmeldung bei den Versicherern — auch ohne Verschulden des Versicherten die Versicherer befreit.

Ein Verschulden des Auftraggebers an einer verspäteten Anmeldung des Schadens wird dann anzunehmen sein, wenn dem Auftraggeber eine Kenntnis von den Fristen zugemutet werden konnte[298]. Dies ist aber dann der Fall, wenn der Spediteur den Auftraggeber im Hinblick auf seine Haftungsfreiheit an die Versicherer

---

294 OGH Wien v. 2. 10. 50 — 1 Ob 473/50 — VersRdsch 1951/37 (39); A.A. Renker S. 70; Schiering S. 69; Witzleben S. 38.

295 DVZ-Lexikon „Speditionsversicherer" S. 131.

296 DVZ-Lexikon „Beteiligungsliste" S. 106.

297 Schwartz ADSp § 17 SVS; siehe SVS-Schiedsgericht Leipzig v. 8. 11. 30 HRGZ 1931 A Sp. 101 ff.

298 SVS-Schiedsgericht Berlin v. 12. 7. 32 JRfPV 1932/287 (288).

verwiesen hat[299] und auf die Einhaltung der Fristen aufmerksam gemacht hat.

Meist wird es jedoch so liegen, daß der Auftraggeber von dem Ablauf von Fristen keine Kenntnis hatte. Ob eine solche Unkenntnis als verschuldet anzusehen ist, wird sich nur im Einzelfalle ermessen lassen.

Hat der Spediteur seine Haftung gemäß § 41 a ADSp abgelehnt, so ist es grundsätzlich Aufgabe des Auftraggebers, sich um die Leistung der Speditionsversicherer zu bemühen[300]. Wenn der Spediteur die Anmeldung des Schadens auch meist von sich aus bewirkt, so ist er hierzu doch ohne weiteres nicht verpflichtet[301]. Eine solche Annahme würde sich direkt in Widerspruch zu § 10 SVS setzen. Diese Vorschrift überträgt die Anmeldung dem Auftraggeber als dem Versicherten, was dieser nach § 40 ADSp auch anerkannt hat.

Ein etwaiges Verschulden des Spediteurs an der Verspätung der Anmeldung ist für die Erhaltung des Versicherungsanspruches, wie wir schon gesehen haben, unschädlich[302]. Die Anmeldung des Schadens ist eine Obliegenheit des Versicherten, auf deren Verletzung durch Dritte die §§ 276, 278 BGB nicht anwendbar sind, weil es sich hier um keine Verpflichtung zur Leistung im Sinne des 2. Buches, 1. Abschnitt, 1. Titel, §§ 241 ff. BGB handelt[303]. Vielmehr ist § 278 BGB nur entsprechend anwendbar, wenn er, wie § 254 BGB erweist, ausdrücklich herangezogen wird.

Daher kommt es für den Eintritt der Leistungsfreiheit der Speditionsversicherer ausschließlich auf ein Verschulden des Auftraggebers an[304]. Dieses wird aber dann anzunehmen sein, wenn der Auftraggeber sich völlig auf den Spediteur verläßt. Vor allem einer im Wirtschaftsleben stehenden Persönlichkeit wird man zumuten müssen, sich zu erkundigen[305]. Ein gleiches gilt aber für rechtskundig Vertretene. Ein Verschulden läßt sich sonst freilich nur für den Einzelfall bestimmen. Eine großzügige Handhabung des § 10 SVS durch die Praxis der Versicherer wäre aber angebracht.

Die Beeinträchtigung des Versicherungsschutzes, die ja allein auf ein Verschulden des Auftraggebers zurückzuführen ist, kann daher keinen Einfluß auf die Leistungsfreiheit des Spediteurs haben[306].

---

[299] SVS-Schiedsgericht Berlin v. 31. 1. 52 i. S. Iduna-Germania gegen Speditionsvers.

[300] LG Braunschweig v. 25. 5. 50 — 7 O 22/49 —; SVS-Schiedsgericht Berlin v. 31. 1. 52 i. S. Iduna-Germania gegen Speditionsvers.; Krien ADSp § 10 SVS Anm. 1 c.

[301] LG Hamburg v. 26. 1. 51 — 30 O 343/50 —; LG Hamburg v. 8. 4. 53 — 61 O 10/53 — VersR 1953/241; A. A. LG Wuppertal v. 26. 10. 50 — 9 S 258/50.

[302] Bruck § 6 VVG Anm. 13; Krien ADSp § 10 Anm. 1 d.

[303] Soergel-Hahne § 278 BGB Anm. 4.

[304] Beyer S. 47.

[305] SVS-Schiedsgericht Berlin v. 31. 1. 52 i. S. Iduna-Germania gegen Speditionsvers.

[306] LG Braunschweig v. 25. 5. 50 — 7 O 22/49 —; Beyer S. 46/47.

Dieser kann sich also insoweit auf seine Leistungsfreiheit gegenüber dem Auftraggeber berufen.

Die Versicherer werden ebenfalls leistungsfrei, wenn nicht binnen eines Jahres seit der Schadensanmeldung Klage gegen die Versicherer erhoben wurde. Diese Frist ist nun eine Ausschlußfrist[307], deren Versäumung auch ohne ein Verschulden zur Leistungsfreiheit der Versicherer führt[308]. Dabei ist es sogar gleichgültig, ob der Auftraggeber oder der Spediteur den Schaden angemeldet hat[309]. Erhält der Auftraggeber von den Versicherern keine Leistung, so kann er sich grundsätzlich nicht an den Spediteur halten. Trifft aber den Spediteur ein Verschulden gegenüber dem Auftraggeber an der Versäumung dieser Frist — das aber nur dann praktisch wird, wenn der Spediteur die Schadensanmeldung übernommen hat und jetzt den Auftraggeber hinhält, so daß dieser annimmt, der Spediteur sorge für die Einhaltung der Fristen —, so wird der Spediteur sich so behandeln lassen müssen, als habe er die Erledigung vertraglich übernommen. Die Speditionsversicherer kommen für die Folgen derartiger Abreden nicht auf, da es sich um eine unübliche Abrede gemäß § 5 Ziff. 2 SVS handelt; vielmehr haftet der Spediteur persönlich[310], wenn auch beschränkt nach den ADSp.

Ausnahmsweise kann auch der Spediteur durch besondere vertragliche Vereinbarung[311] die Anmeldung des Schadens übernehmen. Eine solche Vereinbarung muß aber dann ausdrücklich erfolgen und ist im Zweifel nicht anzunehmen.

Der Spediteur handelt bei der Anmeldung des Schadens dann als Wissensvertreter des Auftraggebers[312], so daß dieser sich unter entsprechender Anwendung des § 166 Abs. 1 BGB ein Verschulden des Spediteurs bei der Versäumung der Anmeldefrist entgegenhalten lassen muß[313]. Unterläßt daher der Spediteur bei vertraglicher Verpflichtung zur Anmeldung diese schuldhaft bzw. verspätet er sie, so kann sich die Speditionsversicherung gemäß § 10 SVS auf ihre Leistungsfreiheit berufen.

Durch das Verschulden des Spediteurs entsteht dem Auftraggeber ein neuerlicher Schaden, der mit dem ursprünglichen Schaden, den zu regulieren die Speditionsversicherer übernommen hatten, nichts zu tun hat. Daher kann auch, wenn der Spediteur für diesen neuerlichen Schaden einzustehen hat, von einem Wiederaufleben der Haftung des Spediteurs entgegen § 41 a ADSp keine Rede sein. Der

[307] Krien ADSp § 10 SVS Anm. 2 a; Isaac §§ 40—43 ADSp § 10 SVS Anm. IV; Staff WuR 1930 Sp. 295 (299).

[308] Isaac §§ 40—43 ADSp § 10 SVS Anm. IV.

[309] Krien ADSp § 10 SVS Anm. 2 c.

[310] so im Ergebnis OLG Hamburg v. 6. 6. 51 — 2 U 188/51.

[311] Krien ADSp § 10 SVS Anm. 1 d.

[312] Krien ADSp § 10 SVS Anm. 1 d; siehe auch Thees DJ 1942/723 in Anmerkung zu RG v. 16. 6. 42 — VII 126/41 —.

[313] DVZ-Lexikon „Anmeldefrist“ S. 101; siehe auch RG v. 12. 12. 29 — VII 215/19 — Bd. 97/279 (281) und Rebsamen JW 1935/1009.

Spediteur hat vielmehr für den Schaden einzutreten, der dem Auftraggeber aus dem Entfallen der Versicherungsleistung entstanden ist. Insoweit kann sich der Spediteur freilich nicht auf seine Freizeichnung berufen. Wohl ist dieser — neue — Schaden aus der Verletzung einer Vertragspflicht des Spediteurs entstanden. Jedoch liegt in der verpflichtenden Übernahme der Besorgung der Anmeldung des Schadens eine haftungserhöhende Vereinbarung, die über die gesetzliche Haftung des Spediteurs hinausgeht und deshalb als unübliche Abrede gemäß § 5 Ziff. 2 SVS von einer versicherungsmäßigen Dekkung ausgeschlossen ist[314]. Eine Haftbarmachung der Speditionsversicherer würde auch praktisch eine Umgehung der Vorschrift § 10 SVS bedeuten.

Daher haftet der Spediteur für den Schaden, der durch den Fortfall der Versicherungsleistung bei vertraglicher Übernahme der Schadensanmeldung durch den Spediteur dem Auftraggeber entsteht, persönlich, wenn auch beschränkt nach den §§ 54 ff. ADSp.

Der ursprüngliche Schaden des Auftraggebers fällt jedoch nur unter die Haftpflicht der Speditionsversicherer. Haben diese einmal die Haftung übernommen, so ist der Spediteur frei[315]. Die Leistungsfreiheit der Speditionsversicherer bei verspäteter Anmeldung des Schadens, die allein abhängig ist von einem dem Auftraggeber zurechenbaren Verschulden, sowie das Unterlassen einer rechtzeitigen Klageerhebung haben auf die Freizeichnung des Spediteurs keinen Einfluß mehr.

Daher bleibt die Freizeichnung des Spediteurs nach § 41 a ADSp insoweit unberührt.

dd) Schränkt die Speditionsversicherung also ihre Zahlungsverpflichtung auf vertraglich festgelegte Höchstbeträge ein oder entfällt eine Leistungspflicht der Versicherer auf Grund verspäteter Schadensanmeldung oder Klageerhebung, so hat dies keinen Einfluß auf die Haftungsfreiheit des Spediteurs. Dieser hat, wie schon mehrfach betont, die Haftung für alle Schäden, die aus der Erledigung eines Verkehrsauftrages entstehen können, durch den Speditionsvertrag usw. im Einvernehmen mit dem Auftraggeber bis auf die Risikoausschlüsse nach § 5 SVS auf die Speditionsversicherer übertragen[316] mit der Maßgabe, daß das Risiko für diese Schäden die Speditionsversicherer tragen.

Die nicht sonderlich ins Gewicht fallenden[317] summenmäßigen Leistungsbegrenzungen haben, wie sich aus dem ganzen Sinn der Haftungsverlagerung vom Spediteur auf die Versicherer ergibt, lediglich versicherungstechnische Bedeutung. Die Haftungsverlagerung hat jedoch nur dann einen Sinn, wenn sie eine vollständige ist. So kann nur der Begriff des gedeckten Schadens verstanden werden.

---

[314] Krien ADSp § 10 SVS Anm. 1 d.
[315] AG Hamburg v. 24. 1. 50 — 34 C 1552/49 —; Beyer S. 46.
[316] Senckpiehl DVZ 1950 Nr. 76 S. 4.
[317] Düringer-Hachenburg-Lehmann Vorbem. § 407 HGB Anm. 19.

Daher bedeutet eine summenmäßige Leistungsbegrenzung der Speditionsversicherer keine Beeinträchtigung der versicherungsmäßigen Deckung der aus einem Verkehrsvertrage entstehenden Schäden.

c) Die weitere Voraussetzung der Haftungsbefreiung des Spediteurs nach § 41 a ADSp war also die Deckung des Schadens durch die Speditionsversicherer. Wir haben gesehen, daß Deckung des Schadens lediglich Übernahme des Risikos durch die Versicherer bedeutet und daß es sich bei dem so gedeckten Schaden um jeden Schaden des Auftraggebers und auch des dritten Eigentümers des Gutes handelt, alles Fälle also, in denen der Spediteur — außer im Falle der Bösgläubigkeit des Spediteurs nach § 991 Abs. 2 BGB, wann sich der Spediteur nicht auf die ADSp berufen darf! — seine Haftung für Schäden auf die Speditionsversicherer abwälzen kann, wobei nur die Fälle ausgenommen sind, in denen die Versicherer die Übernahme des Risikos ablehnen. Die Beschränkung der Leistungspflicht der Versicherer auf Höchsthaftungsbeträge sowie der Ausfall einer Versicherungsleistung wegen Verletzung von Obliegenheiten des Versicherten nach § 10 SVS oder aus sonstigen Gründen betrifft nur das Verhältnis des Versicherten zum Versicherer und kann daher auf eine bereits erfolgte Freizeichnung keinen Einfluß haben.

Insoweit aber ein gedeckter Schaden im Sinne von § 41 a ADSp gegeben ist, haftet der Spediteur nicht.

II. Die Grenzen der Freizeichnung des Spediteurs in § 41 ADSp

Der Spediteur kann sich auf seine Haftungsfreiheit stets berufen, sofern nur die ADSp Anwendung finden und weiterhin der Schaden unter die Haftung der Speditionsversicherer fällt.

Eine Begrenzung der Freizeichnung des Spediteurs liegt somit in der mangelnden Anwendbarkeit der ADSp — sei es auf Grund einer anderweitigen (§ 51 c ADSp) oder einer fehlenden vertraglichen Vereinbarung, einer Hinderung der Berufung auf die ADSp durch Bösgläubigkeit des Spediteurs (§ 991 Abs. 2 BGB) oder durch § 2 b ADSp sowie einer nicht ordnungsmäßigen Zeichnung des SVS (§ 41 c ADSp) — und in der mangelnden Deckung des Schadens in den Fällen der Risikoausschlüsse nach § 5 SVS.

B. Begrenzung der Freizeichnung des Spediteurs durch zwingendes Gesetzesrecht — § 2 c ADSp —

Gestatten die ADSp die Berufung des Spediteurs auf seine Freizeichnungsklauseln, so kann sich dennoch aus den gesetzlichen Bestimmungen ein anderes ergeben, da § 2 c ADSp ausdrücklich zwingende gesetzliche Vorschriften als vertraglich nicht abänderbare Normen unberührt wissen will. Da die ADSp Vertragsrecht sind, war etwas anderes auch garnicht möglich.

1. Keine Freizeichnung für eigenen Vorsatz § 276 Abs. 2 BGB

Eine der wichtigsten Bestimmungen dieser Art ist § 276 Abs.2 BGB, der eine Freizeichnung von eigenem Vorsatz im voraus nicht zuläßt.

Der Vorsatz nach § 276 BGB umfaßt nun sowohl den unbedingten als auch den bedingten Vorsatz[318]. Er allein genügt aber nicht, um dem Spediteur die Berufung auf die ADSp zu verweigern, sondern das Handeln des Spediteurs muß auch vertragswidrig sein. Dies ist jedenfalls dann nicht gegeben, wenn eine Handlung in das pflichtgemäße Ermessen des Spediteurs gestellt ist und der Spediteur sich danach verhält bzw. wenn die ADSp den Spediteur berechtigen, in gewissen Fällen von Weisungen des Auftraggebers abzuweichen[319].

Indem der Spediteur aber seine Haftung im Einvernehmen mit dem Auftraggeber auf die Versicherer abwälzt, zeichnet er sich gleichzeitig von der Haftung für jeden gedeckten Schaden frei. Dies könnte auch im vorliegenden Falle beabsichtigt sein. Liegen nämlich die sonstigen Voraussetzungen für eine Haftung der Speditionsversicherer vor, so haben diese auch für einen vorsätzlich durch den Spediteur verursachten Schaden einzustehen — § 3 Ziff. 4 SVS —, so daß der Spediteur sich auf seine Freizeichnung berufen könnte. Hier greift aber § 276 Abs. 2 BGB als zwingende Norm ein und erklärt eine dennoch beabsichtigte Freizeichnung insoweit gemäß § 134 BGB für nichtig[320].

Da aber die Versicherer nach § 3 Ziff. 4 SVS auch für diesen Schaden aufkommen wollen, kann sich der Auftraggeber nunmehr entweder an die Speditionsversicherer im Rahmen der Bedingungen des SVS oder an den Spediteur halten, wobei letzterer sogar unbeschränkt nach dem Gesetz haften würde[321]. Allein die Gewährung des Versicherungsschutzes bedeutet für den Spediteur doch eine gewisse Erleichterung, denn sie wird oft den Auftraggeber davon abhalten, den Spediteur in Anspruch zu nehmen. Um ihn persönlich haftbar machen zu können, müßte dem Spediteur nämlich ein Vorsatz nachgewiesen werden können; für eine Haftung der Versicherer genügt schon jegliches Verschulden des Spediteurs. Sollte der Nachweis des Vorsatzes des Spediteurs nicht ohne weiteres möglich sein, so wird sich der Auftraggeber mit der Versicherungsleistung begnügen. Diese Beweisschwierigkeit kann somit den gleichen Effekt haben wie die Freizeichnung nach § 41 a ADSp.

Freilich wird der Spediteur den Speditionsversicherern dann regreßpflichtig, wenn sie einen Vorsatzschaden bezahlt haben, aber

---

[318] BGH v. 3. 2. 53 — I ZR 61/52 — VersR 1953/159 (160); Oegg in RGR-Komm. § 823 BGB Anm. 2; DVZ 1952 Nr. 92 S. 7 „Die Rechte des geschädigten Dritten in der KVO-Versicherung".

[319] Landauer DVZ 1950 Nr. 47 S. 6.

[320] Baumbach Anh. § 415 HGB Anm. nach §§ 39 ff. ADSp; DVZ-Lexikon „Vorsatz" S. 141; v. Godin in RGR-Komm. Anh. § 346 HGB Anm. 26; Krien § 41 ADSp Anm. 1; Hansen S. 16; Krusemeyer S. 13; Neukirch S. 22; Renker S. 46; Weller S. 55; Wieneke S. 57; Worm S. 33.

[321] Düringer-Hachenburg-Lehmann Vorbem. § 407 HGB Anm. 19; Krien § 54 ADSp Anm. 5 b; Jochmann NJW 1952/1242 f.; Weller S. 58; A. A. LG Duisburg v. 16. 11. 51 — 2 S 30/51 —.

auch die Versicherer müssen dem Spediteur einen Vorsatz nachweisen können.

§ 276 Abs. 2 BGB schließt jedoch die Freizeichnung grundsätzlich aus und gibt damit eine wichtige Begrenzung der Freizeichnung des Spediteurs. Wenngleich es der eigentliche Sinn dieser Vorschrift ist, zu verhindern, daß das Risiko aus einem Vertrage einseitig auf den anderen Partner abgewälzt werden kann, so trifft sie dennoch trotz Vorliegens eines Versicherungsschutzes auch für diesen Fall zu, denn es soll ebenso verhindert werden, daß jemand ungestraft vorsätzlich Schäden herbeiführen darf.

Dies ist in § 2c ADSp berücksichtigt worden. Daher bedeutet die Abwälzung der Haftung des Spediteurs auf die Speditionsversicherer nicht den Einschluß der Haftung für Vorsatz in diese Regelung[322].

Die Freizeichnung des Spediteurs ist demnach durch die Bestimmung des § 276 Abs. 2 BGB begrenzt.

2. Freizeichnung des Spediteurs als Unternehmer nach dem Güterkraftverkehrsgesetz

Gemäß § 26 Güterkraftverkehrsgesetz vom 17. 10. 52[323] kann der Kraftwagenunternehmer die ihm nach den gesetzlichen Vorschriften oder den Beförderungsbedingungen (§ 20 GüKG) obliegende Haftung durch Vertrag weder ausschließen noch beschränken[324]. Für den Kraftwagen-Güterfernverkehr gelten als Beförderungsbedingungen die Bestimmungen der KVO. Soweit der Spediteur als gewerblicher Unternehmer des Kraftwagen-Güterfernverkehrs tätig wird, regelt sich mithin seine Haftung nach der KVO. Für den Güternahverkehr besteht ein gemäß § 20 GüKG vorgesehener einheitlicher Tarif z. Zt. noch nicht und damit auch keine einheitlichen Beförderungsbedingungen. Soweit der Spediteur gleichzeitig als Güternahverkehrsunternehmer tätig ist, gelten daher z. Zt. die ADSp.

3. Sittenwidrigkeit der Freizeichnung — § 138 BGB —

Vor der Einführung des SVS war eine umfangreiche Rechtsprechung ergangen, die die immer weitergehende Freizeichnung der Wirtschaft von ihrer gesetzlichen Haftung argwöhnisch betrachtete und ihr durch eine Heranziehung des § 138 BGB einen Riegel vorzuschieben bemüht war. Diese Rechtsprechung[325], die oft allgemeine Geschäftsbedingungen wegen ihrer Freizeichnungsklauseln unter dem

---

[322] BGH v. 17. 4. 51 — I ZR 28/50 — VRS 1951/307 (312); BGH v. 3. 2. 53 — I ZR 61/52 — VersR 1953/159 (160); Krien VersR 1953/414.

[323] BGBl I S. 697.

[324] vergl. DVZ-Lexikon „ADSp und SVS/RVS" S. 101; Krien § 2 ADSp; Schmid-Lossberg DVZ 1948 Nr. 43 S. 3.

[325] RG v. 8. 1. 06 — R I 320/05 — Bd. 62/264 (266); RG v. 1. 10. 21 — I 135/21 — DJZ 1922 Sp. 59; RG v. 26. 10. 21 — I 123/21 — Bd. 103/82 (83/84); RG v. 21. 3. 23 — I 203/22 — Bd. 106/386 (388); RG v. 21. 4. 31 — II 241/30 — Bd. 132/305 (308) usw.

Gesichtspunkt des Monopolmißbrauches oder sonstigen Verstoßes gegen die guten Sitten eine Anerkennung versagte, hat mit der Einführung der Ausgleichsversicherung durch den SVS jede innere Berechtigung verloren[326].

Die ADSp sind im Einvernehmen der Spediteurverbände mit den Hauptkundenvertretern, nämlich den führenden Wirtschaftsverbänden sowie den Handelskammern geschaffen worden, wobei eine gesunde Kompromißlösung zwischen den gegenteiligen Interessen der beiden Seiten gefunden wurde. Der Kunde erhält eine fast vollständige Haftung bei einem zahlungskräftigen Schuldner, der Spediteur kann mit niedrigen Sätzen arbeiten und haftet nur sehr eingeschränkt. Diese Freizeichnung des Spediteurs ist vom Zusammenspiel der ADSp und des SVS abhängig gemacht worden und daher nicht sittenwidrig[327], was heute allgemeine Anerkennung gefunden hat[328].

Die Verbindung der Freizeichnung des Spediteurs mit der Haftungsübernahme durch die Speditionsversicherer ist mithin besonders geeignet[329], den allseitigen Interessen entgegenzukommen[330] und einen vernünftigen wirtschaftlichen Ausgleich unter Wahrung der volkswirtschaftlichen Belange herbeizuführen[331].

4. Freizeichnung des Spediteurs und Treu und Glauben

Letzten Endes steht jedes Schuldverhältnis unter der Generalklausel von Treu und Glauben. Die oben dargelegten Sätze beanspruchen nur eine grundsätzliche Gültigkeit. Treu und Glauben können in Einzelfällen einmal eine andere Lösung erfordern, jedoch — da die Generalklausel weitgehendste Möglichkeiten bietet — muß ihre Anwendung auf das Äußerste beschränkt bleiben. Im Zweifel sollte man daher nicht gegen einmal gegebene Bestimmungen entscheiden. Doch darf in seltenen, begründeten Ausnahmefällen die Gerechtigkeit nicht an der starren Anwendung von Vorschriften scheitern.

---

326 z. B. RG v. 6. 2. 32 — I 288/31 — Bd. 135/174 (175); OLG Hamburg v. 7. 12. 37 — 4 U 325/37 — JW 1938/876 (878); LG Berlin v. 18. 3. 35 — 405 S 585/35 — JW 1935/2448; Gessler-Hefermehl § 407 HGB Anm. 11; Mälzig DRZ 1950/103; Senckpiehl ZHR 1929/300 (302).

327 LG Osnabrück v. 3. 2. 47 — 2 O 95/46 —; Beyer S. 14; Neukirch S. 33; siehe auch RG v. 18. 10. 21 — VII 89/21 — Recht 1922 Nr. 194.

328 OGH Wien v. 2. 10. 50 — 1 Ob 473/50 — VersRdsch 1951/37 (39); OLG Braunschweig v. 25. 9. 50 — 2 W 205/50 — VRS 1950/417 = BB 1950/743; OLG Celle v. 18. 1. 52 — 2 U 186/51 —; OLG Dresden v. 23. 4. 48 — 1 U 102/47 — VRS 1949/78; OLG Frankfurt/M. v. 6. 11. 51 — 5 U 118/51 —.

329 Andler DVZ 1948 Nr. 19 S. 4.

330 LG Braunschweig v. 7. 3. 50 — 8 S 302/49 —; Eichhorn S. 133; Mälzig WiCo 1953 Nr. 38 S. 24; Witzleben S. 65; DVZ 1948 Nr. 58 S. 4 „Die ADSp — gesetzlicher Handelsbrauch".

331 OLG Dresden v. 23. 4. 48 — 1 U 102/47 — siehe DVZ 1948 Nr. 22 S. 5; LG Berlin v. 18. 3. 35 — 405 S 585/35 — JW 1935/2448; Scharlibbe DVZ 1947 Nr. 6 S. 1.

Schluß

Der Freizeichnung des Spediteurs im Rahmen der ADSp sind Grenzen gesetzt. Unbeschränkt kann er die Übernahme einer Haftung nicht verweigern. Eine Begrenzung der Freizeichnung ergibt sich aus vertraglichen und gesetzlichen Bestimmungen.

Die Berufung auf die Freizeichnung nach § 41 a ADSp ist dem Spediteur versagt bei Nichtanwendbarkeit der ADSp durch mangelnde oder anderweitige vertragliche Vereinbarung, durch Ausschluß der Anwendbarkeit der ADSp auf Grund des § 2 b ADSp oder Bösgläubigkeit des Spediteurs im Sinne von § 991 Abs. 2 BGB gegenüber dem Eigentümer sowie bei nicht ordnungsmäßiger Zeichnung des SVS und bei nicht erfolgender Deckung des Schadens durch die Speditionsversicherer nach § 5 SVS, bei einer Tätigkeit des Spediteurs als Unternehmer im Sinne des Güterkraftverkehrsgesetzes sowie allgemein bei eigenem Vorsatz des Spediteurs nach § 276 Abs. 2 BGB.

Entsprechendes gilt mit einigen Besonderheiten — auch im Rahmen des Rollfuhrversicherungsscheines (RVS); siehe § 41 d ADSp.

Die Grenzen der Freizeichnung des Spediteurs nach § 41 ADSp liegen daher in der Anwendbarkeit der ADSp selbst und im weiteren in den Risikoausschlüssen der Speditionsversicherer nach § 5 SVS.

FSC
www.fsc.org
MIX
Papier | Fördert gute Waldnutzung
FSC® C083411

Kolibri 360 GmbH
Ferdinand-Jühlke-Straße 7
99095 Erfurt, Deutschland
produktsicherheit@kolibri360.de